互联网+营销
大数据时代的行业"小报告"

凤凰网·MadTalk 节目组 主编

中国传媒大学出版社

·北京·

序

这本"小报告"可能是近年来为数不多的、没有特别请第三方作序的准专业书籍。究其原因,书中每一位发声的人士,在业内都称得上资深。有在广告界打拼数十年的行业大佬,有在营销圈赫赫有名的专业大拿,还有纵横广告、媒体、政坛、商海的跨界巨擘……他们身上所体现出来的精气神,他们观点中蕴含着的丰富经历,他们言谈举止间流露出来的传承和道义,让本书大放异彩。

这本"小报告"虽然专业,但并不是传统意义上板起面孔教你如何如之何的"教辅读物"。虽然为了可读性、流畅性,我们对部分文字略加调整、修饰,但在追求原汁原味的路上,它已甩开同伴们几条街。读这本书,不像在上一堂乏味的专业课,反倒有点和行业大佬坐而论道的感觉。在对谈中,他们是睿智的,但也是普通的,你会看到他们针锋相对的激辩,也会看到他们一时语塞的局促。但是在他们犀利的言语背后,你能发现的不只是丰富的人生经验和完备的专业知识,还有一颗颗赤诚、火热的心。

这本"小报告",无疑是生动的、有趣的,它甚至略显诙谐,但它能帮你理解广告、营销行业,能帮你读懂某一个知名案例的背后有多少辛酸泪和荒唐言。它解释了什么是娱乐营销,定义了事件营销,甚至还重新定义了"加班"(对了,也许我们该叫它"超时工作");它还能告诉你,为什么一个不想当油漆工的好学生不会成为广告大佬;它还会帮你理解"加油"二字到底有多少种解读方式;它还会教你,在预算不足的情况下,如何正儿八经地借势营销。

这本"小报告",自凤凰网全国营销中心制作的一档节目——《MadTalk:疯狂龙舌兰》而来,内容涉及广泛。编辑团队想呈现的内容太多、太多,但囿于篇幅,只能择其精华,与各位读者共飨。不少非常精彩的内容,也在几经权衡之下,无奈被删减,各位如有不尽兴之处,请扫描封底的二维码,观看完整的节目和不断更新的其他精彩内容。

在这有限的篇幅里,"小报告"探讨了很多涉及国计民生、生死存亡的严肃议题,如:比稿时,你的角色是比稿还是陪标?广告公司未来还有没有存在的必要?文案是否要变成客服?加班是由于客户难缠还是公司管理不善?中国有打造出Netflix的希望吗?等等,不一而足,振聋发聩。

当然,也没忘记代各位读者深挖节目嘉宾的八卦,如:大佬是怎么混出来的?女高管怎么选老公?意见领袖们是如何踏上"贼船"的?去戛纳的目的是广告展还是比基尼?停止装X,客户会不会不买账?类似话题,条条劲爆,让读者看到他们精心隐藏的私密世界。

更敏感的,"小报告"也不放过,如:面试员工看面相还是星象?广告公司敢不敢发加班费?跳槽是眼光太高还是眼神不好?拿钱留人算不算破坏行业生态?90后不爱广告圈到底是谁的错?外行人干掉内行人算不算奇耻大辱?大V怎么赚外快?一系列问题,问到瞠目结舌。

从筹备到成书,我们已尽全力攻坚,但因为时间、精力有限,"小报告"可能并不完美,也难免存在疏漏之处,请各位读者在翻阅本书时,多提意见,不吝赐教。

凤凰网·MadTalk节目组

目 录

职场篇

跳槽与年终奖　/ 003

4A vs. 本土　/ 012

加班　/ 023

广告民工生存现状：比稿　/ 031

营销人的幸福梦　/ 039

广告圈没有铁娘子　/ 048

广告圈的忠与义　/ 058

内幕篇

外籍广告人在中国水土不服吗　/ 069

广告大佬是怎样炼成的　/ 077

上海广告人装X指南　/ 085

最出位的品牌　/ 092

阴谋论下的危机公关　/ 101

明星代言大有文章　/ 110

天价冠名到底值不值　/ 117

广告圈的资本故事　/ 128

技艺篇

文案复兴还是死亡 / 137

戛纳"潜"规则 / 146

创意的本质叫实效 / 154

社会化营销的重心：互动 / 160

戛纳创意节观摩攻略 / 166

广告圈的匠人情怀 / 173

从KOL到自媒体领军人 / 182

事件营销之四两拨千斤 / 188

眼界篇

争议广告大盘点 / 199

社会化营销怎么玩 / 206

广告人看车展 / 215

疯狂看美剧 / 220

年度最强PK / 227

从冯氏植入看中国电影营销 / 235

娱乐营销，直入人心的艺术 / 243

职场篇

跳槽与年终奖

肖明超
商业趋势观察家、
知萌咨询机构CEO

金鹏远
环时互动首席知识官

陈格雷
盒成动漫创始人

高薪就能稳住员工，靠谱吗？

陈：今天讨论的是在广告营销圈非常普遍的现象——跳槽。这种现象到底是好是坏，要不要去防止，作为管理者有什么妙招呢？你们觉得应该怎么理解员工跳槽，尤其是面对优秀的员工。

金：其实我觉得最重要的一点，很简单，就仨字，多赚钱。满足了衣食住行的需求，他自然会好好工作。赚钱之后，就要看工作有没有趣，如果你的公司是一个有趣的公司，我想没人会离开它的。

陈：但是，我看到一个说法：如果一个公司只说赚钱不谈理想，即使给更高的薪水或者福利，员工还是会离开，怎么看待这一现象呢？

肖：我觉得和公司发展的不同阶段有关系，当公司做大，对供职员工来讲薪水最重要，因为大的平台分工会越来越细，员工实操的领域越来越专业化、越来越小，员工就像螺丝钉一样；对于小的公司、初创的公司是钱和理想两者要结合的。

陈：那么，你是否认可"只要有钱赚，同时让员工觉得公司很有趣，那么他就不容易跳槽了"？

肖：单纯地给钱还是不行的，但是有趣的话，那要看员工是否真的能从工作中感受到乐趣，还有他是否在一个适合的岗位，也许有的人就不爱干这个工作。

误解和情绪化，滋生跳槽心态

陈：如果一个你非常欣赏的员工要走，你会如何对待？

金：首先他知道你欣赏他，而且日常沟通比较多，忽然他跟你说要走了，我觉得他已经下定决心要走了。

陈：所以就是欢送？

金：对，没有必要了。因为这种决心和想法外人也很难判断，如果是他愿意来和你商量说遇到什么瓶颈或者打算跳槽，是最理想的。更多的时候他可能只是想换一个环境了。

陈：或者是他人生变得迷茫，需要你给他点人生指导。

金：其实员工个人情绪化的波动会影响工作，可能谈恋爱谈得很舒畅的时候，干活倍儿积极；失恋了，有可能两三天真不来了。

肖：其实有很多人并没有完全想好就跳槽，或者说没有想那么远，你说我这个公司未来十年要上市，这些对员工来讲都太远了，他关心的还是说他自己在这个平台能够看得到的东西。

跳与不跳的得失

陈：以你们的观察，广告人跳槽有没有特别集中的时间段？

金：应该是领完年底双薪。

肖：对，之前他已经在接触下家了，然后要把年终奖拿到手，并且辞职的时候不会给你预留太长的时间。其实我们要求员工离职有工作移交程序，但他通常告诉你"领导，我要走了"。他下周要去上班了，你说你怎么办。

陈：听说跳槽就会薪水翻倍，事实如此吗？

金：就看怎么比吧，因为我做传播也不少年了，说句实话，比起频繁跳槽且混得好的，真不如那些在一个公司死守下去的人，当然前提是这个公司要有发展前途。

我做过比较，现在这二人都是副总，其中一人跳了20次槽，另一人从毕业就在一个公司做，直到现在成为副总。坦率地说，后者的辛苦程度要比前者少很多，因为他在公司建立了信任，行业技术娴熟了，从收入来讲，也差不太多。因为较早的稳定积蓄，他现在的房产比频繁跳槽的人多很多了。

广告人跳槽轨迹：甲方

肖：我们行业人才流动性很大，而且我们的员工通常都流到我们的客户那里，有时候跟客户开联谊会，发现很多都是我们之前的员工。

陈：说到流到甲方，我身边的经验认证了这一点。

金：对，我这儿以前的朋友好多都在甲方，一打电话，老金，我在哪个企业或者哪个公司呢，有很多类似的事情。

陈：对，所以这个趋势是好还是坏呢？

金：我觉得有现状必有原因。坦率地说，在中国从事广告行业，可能风云一时，但很快就会没落了。其实包括我，如果真在一个公司做10年，我能得到什么？我可能跳了一次槽，就能表现出我的价值来。同样一个道理，10个人进这个公司，到未来10年之后，除非公司扩大规模保证他们分别在10个不同的管理岗位，否则很难全部留住。

广告人跳槽诱因：工作挫败感

陈：据我所知，你现在招了很多原来在淘宝卖性用品的，你刚才跟我说了，卖性用品啥的，这些人其实比某些传统广告人更懂得消费者、更善洞察。

金：对。

陈：传统广告行业正处在转型期，人才的流失造成很多阵痛，我是这么理解的。

肖：其实也跟行业的价值感有关，因为有的员工觉得第一太累、太辛苦。另外，他觉得他给客户提供的这些价值，就像我们讲各种营销创意，有的可能还不一定是薪水问题，比如说他的Idea总被客户枪毙。

陈：老受挫折。

肖：对，如果我去到客户那里。

金：我可以枪毙别人。

肖：我可以枪毙别人，我觉得我服务客户的感觉还好。另外，刚才老金提到的兴趣，有趣的公司，真正能在一个公司沉淀五年、八年、十年，是他对这个事情本身感兴趣。关键是说你在做一份工作，打工，还是在真正践行一个职业规划。

金：感兴趣的事。

肖：对，感兴趣的事和职业是两个概念。如果你是打工的心态也无可厚非，我就是积累身价，谁给钱多，我去谁那儿，这也是本事。还有一种本事，在专业领域积淀，厚积薄发，在一个公司，从部门经理做到总监，有可能会有更好的职业前景，而且会给他一个做起来不费劲的平台。

陈：但还是一个前提，是很好的公司。

肖：是。

广告人年终奖：团队业绩＋老板慷慨

陈：刚才说到跳槽的时候已经谈到了跳槽最容易发生的时间是在每年的年终奖发放之后。

金：过完春节。

陈：什么样的公司给年终奖特别高？

金：网游公司，这绝对是最高的，还有国企。另外之前传说德国大众好像给了30个月到40个月的工资当年终奖嘛。其实在传播行业来讲，坦率地讲我能获知的，据说还是一些做得不错的公司加上老板慷慨的，可能给到13个半月到14个月的工资吧。

陈：以你们观察，以2012年收入局势来看，今年各大广告公司或者是公关公司、营销公司、新媒体公司给到员工的年终奖能不能高呢？普遍来讲。

金：拿我这边来举例吧，双薪肯定要有，然后我们之前会有一些简单的项目或者是季度奖金，年底的时候会拿出公司赢利的比例，平均分给大家。我们现在没有完全确定分配的方案，但重要的一点取决于你公司本身是否赢利，如果你公司没赢利的话，当然它也不可能给大家钱了，我觉得是这样的。

陈：市场研究行业怎么发年终奖呢？

肖：大概的方式就是说有双薪，一般会有绩效，通常是按团队及行业划分，你服务什么样的行业，这个团队会有一个总体的绩效。年底的时候，你业务所有的钱都收回来，最后会有一个决算，这里面会包括市场绩效，还有专业岗位的绩效，市场绩效就是说你这个团队做多少客户、做多少营业额回来，专业绩效就是说做多少项目、客户满意度这些指标。

金：其实有点像变相的年薪制。

肖：对，其实变相的什么13薪或者14、15薪这样的概念。

陈：有一种年薪就是我给你一个固定的薪水，但是你要背任务，到年底完成100%，年薪50万，我给你了。

肖：他是按比例去发放的，先发一部分。

金：超额部分可能要给你更多，反正是往上滚的，我觉得市场研究行业还好衡量，因为有一点标准化的动作，但是对于创意公司来讲就不好衡量。一个人，服务好一点的客户，他可能一年给你100万，可是另外人家跟他水平差不多，但是那个客户只给30万，所以很难衡量的。

肖：但有的行业就是属于做规模，公司利润很低，有的就是属于做利润。我们通常会设定指标，首先要产值得达标。其次，利润也要达标，当然我们可以根据不同行业有一个大概的比例，有一个平衡。

金：所以年终奖最简单的方式就是双薪，反正你以前挣得多，到年底还挣得多。但真是加了一个分红的奖励或者是绩效的奖励，你就要用各种公式去衡量了。我觉得大部分公司是按照绩效去衡量的，到年底我来看，你回来多少钱，我把这奖给一个团队的领导，然后再让领导去分配，是这种。

薪酬分配不合理，倒逼员工跳槽

陈：有没有可能结合跳槽来谈一下，年终奖分得高了，原来想跳槽的就不走了，或者是更加决定要离开呢？

金：其实我觉得很多人是这样，其实大家也知道在这个行业，真正这个行业开始做的时候，你一定是薪水比其他的行业看起来要高一点，我不知道现在怎么样，反正至少原先是这样的，但是后劲儿不足。因为你说真正的像CD的、GCD，说我们现在有很多华人的GCD或者是ECD，但是真正有几个人升到这个职位呢。但是在国外，其实真有拿着薪水很高的那种Art，他就是一个Art，但薪水很高，甚至我听说过有一个灯光师，这个灯光师一天3000美金。

陈：之前谈到说日本有一个完稿员拿得比ECD还高。

肖：其实这个也是我们现在在思考的一个方向，就是说现在在公司里面，像我们这种专业公司里面，它有两个序列：一个就是管理序列，管理序列大家理解的就是说我是销售，以前我是做Sales出身，以后我就要干销售总监，干了之后就要干副总。问题是你的管理职位永远是有限的，你不能鼓励所有人都要干副总，CEO只有一个，那很快大家就没法干了，所以你要在扁平化里面截出来一部分，让专业人士有发挥特长的地方。专业序列的建设是很重要的，未来就会出现有的人就是真正做管理的，不见得完全什么事都能干，因为组织、协调、沟通是他重要的能力；但是有的人就干一块工作，他能把它做到非常高的水准，他也应该在这个公司里面得到认可。

金：其实中国的标准薪资里边分很多层级，很多低级别的员工挣的钱要比管理人员挣的高很多。但是我们这个行业升一个Title加点钱，可能一个特别好的Art，他的美术和设计功底非常强，因为没有创意思想或者是没有管理能力，却没法做一个CD，最后薪水永远升不上去，只好逼迫自己跳槽换个公司做CD，但他本身又没有管理能力，他自己做得也很不开心。

内部跳槽机会，提高员工兴趣

肖：还有一种可能，比如户外行业从事喷绘上画面的，常年都在上画面，因为通货膨胀你也应该给他涨薪水。另外，职称分类不能是初级画面员、高级画面员，但是他又觉得职称很重要，能够帮助提升自己的心理地位。公司能不能实现一些转化平台，也叫内部跳槽，比如说我原来是上画面，但是对销售工作有兴趣，通过考评，可以让我换岗。

陈：这个就需要第一，这个行业足够大；第二，这个行业要可持续发展。

肖：你也得保证这个公司平稳运行。

陈：相对来讲像日本的电通、第一企划或者博报堂，公司大得已经像一个生态体了。国内其实甚少有类似公司有能力去提供那个转化平台，所以我觉得还是不太一样的。

金：确实如此，为什么很多人去甲方，我觉得真的是他的自我实现价值和往上成长的价值空间越来越小。我知道朋友很大的一个公司，去年分裂为三支或四支队伍，每人都拿一个小客户去做，又没办法整合到一块来。所以我觉得这个行业最大的问题在于什么，每个人都觉得自己是天才，所以很难去控制住，即使你给他很高的薪水，有的也很难控制住，所以外人也不难理解很多ECD去做艺术家。

陈：所以广告人才跳槽的另一种原因是为了个人兴趣爱好。

金：他会为了服务某个特别喜欢的客户而跳槽，哪怕少点钱都愿意去。

陈：或许跳槽本身没有对错，良性化的跳槽或者让员工觉得年终奖发得越来越舒服，有什么好的方法能够让这个行业更加良性？

肖：我们领域就跟律师事务所是一样的合伙人机制，你是什么职务不重要，关键是说能否分享公司的价值，应该建立一套能够分享公司价值的机制。因为每个人跳槽的时候会关心下一个平台的价值如何。

在咨询的领域,到最后你的业务模式很固化,你想员工干到一定资历的时候,他在你公司的这个职位和他的影响力或者是他的价值,其实也是显而易见的,但是他会觉得受到束缚,那个时候其实跟钱没有关系。

陈:还是一个发展空间的问题。

肖:对。

金:我不希望我的人才去做不擅长的工作。但是我觉得老肖所讲有一个启发,我们能不能把大家对某些事情有同样看法的人聚在一起,可能我觉得我们现在创意总监,他就是很容易想病毒视频,那我就专门做一个病毒视频的小工作室,只不过他们在我们整个大的模式下可以做他的事,他去挣他的钱,这边可能有设计师来挣设计师的钱。这样大家兴趣会很高,而且乐意去往前走,但是前提是你有生意的支持。

陈:而且要有一个不断可发展的、可扩大的平台。

肖:对,还有你平台的品牌,能不能提供给他去做独立的支撑,然后他又自己有一个空间。

陈:广告公司很难做平台概念,很容易他就自己走了。

肖:我们现在的瓶颈就在于业务太依赖于人了,因为创意不可能标准化,我们做调研也是一样。你给客户提供服务,为什么我们内部要有专业序列职位的职称,就变成说有的人他去了,客户就不灵,但换一个水平高的人,客户就很舒服。

陈:或者是正好后面这个人跟客户有化学反应。

金:气场。

肖:所以这种行业是公司和个人都很重要,但如果我们把人的价值降低,就会出问题,因为他肯定就会走;人的价值放大了,公司的瓶颈就出来了。

陈:所以回过头来,我觉得讨论跳槽也好、年终奖也好,都没有明确的答案,它都是一个很客观的现象,倒不如淡然对待,最重要的是快乐。

4A vs. 本土

徐进
凤凰新媒体高级副总裁
（时任灵狮中国CEO）

杜敬伟
威汉广告ECD

陈格雷
盒成动漫创始人

提升经验大有不同

陈：从一个文案做到ECD，那么这种本土和4A的经历会给你什么帮助呢？

杜：就是一个经验的累积会形成一种创意的直觉，更多的是从一些真正的案例，大家常常会觉得说4A公司就会相对比较轻松，反而是本土公司就会比较累、比较忙，其实我觉得我最忙的这段时间是曾经在奥美做ACD的时候。

陈：奥美惨无人道吗？

杜：有一段时间因为跟客户提案的东西太多，最多一次一周要有20多个稿子，20多项项目要跟客户去提。本土公司你作为一个创意人，可能从策略的时间段就要开始参与进去，然后一直到后边的整个的执行，所以我觉得很多时候在本土公司更多的是你的锻炼来自于你这个职位是它在横向上，就是跨部门之间跨不同的职位之间的这种锻炼，可能机会更多一些。

徐：我入行第一家公司也是本土，当时最大的广告公司，叫中国国安广告总公司，然后到JWT，从一个AAD最后做到北京公司的董事总经理。在做了一个非常艰难的抉择之后，最后离开了JWT北京，然后来到现在的公司就是灵狮中国。那未来我希望可以再通过两三年甚至更长的时间，把这个平台打造得更好，然后把这种热情散发到中国的广告业。

4A唱衰

杜：在我看来，其实4A公司是走过非常辉煌的阶段的，尤其是对中国广告业来说，如果没有它们，就没有现在中国的广告业的整体的发展。现在是有点衰落的感觉，但这个衰落我觉得是一种比较。从30年前刚开始那时候在电视上它打出来一个厂长举着一个零件，然后某某某工厂什么什么螺丝，从那个年代一直到今天，其实中国的广告行业一直在前进，从那时候跟全球的广告的水准相差很远，到今天越来越接近、越来越接近。其实我觉得中国的整个广告产业一直是在进步的，只不过可能4A公司在当时进来的时候，它先天的优势是外来的和尚有非常好的国外的一些经验，包括整个的体系，它有非常好的优势。

陈：那现在的差距？

杜：现在我觉得这个所谓的衰落，我认为是差距在逐步减小，就是本土的产业、本土的领域逐渐地也在向国际靠近，国际4A公司的整个的水准其实也是在跟国际的整个全球的水准保持一个比较接近的状态。

陈：Andy觉得衰落是什么？他说是自己的原因，你觉得是什么？

徐：我觉得客观一点来说，就是说"衰落"这个词用得有点重了，我认为。

陈：是你引发我的。

徐：对，也许是有点重，但是我觉得也许我们尖锐一点来看是这样的。为了这个行业好，我觉得我们应该这么去定义，其实我心中更愿意含蓄地说是"萧条"。

陈：能不能具体一点？就是你觉得萧条在哪几点上？

徐：其实准确来说我觉得是这样的，因为像我们两位都在国际4A公司包括本土公司做过，我经历了十多年的广告生涯，我们是中国广告业发展的经历者，广告对我来说就是梦想，我愿意天天加班。可是因为我们还身处在这个环境，其实所谓的衰落，第一个是说，刚刚4A公司进来的时候，它更像是一个老师，它在教育客户，它在教育这个行业，引领中国广告业的发展，然后它再制定游戏规则，它制定标准，它的很多的观点、它的很多的工具，会让大家觉得说我要遵从它。但是大家来看，现在是不是不一定了。第二个是说David所说到的，就是说从动态的角度来看，我觉得客户现在对于4A公司的尊重跟以前差得太远了，因为我们要衡量一个标准，这个标准是什么？就是说客户是不是愿意去支付更多的费用来支持你们整个团队的发展。我认为现在其实跟以前是有距离的，这个问题其实说直白一点，很多时候是自己行业内造成的。

4A的国际化与本土的"土"：真正理解"国际化"

陈：是什么造成的呢？

徐：我觉得4A公司自己彼此之间，大家放弃了很多原来的权威跟原则的东西，就比如说价格的竞争，或者服务客户的方式上，就是说我认为是很国际化的这样的一个服务的方式，会让客户觉得你本身也不是那么的必需，有时候是这样的。

陈：但这里会有个矛盾，我相信客户会要求更加本地化的感觉和我们的洞察。

徐：我觉得国际化并不是一定要国外的服务套路，国际化是一种专业的体系跟我们对于专业的坚持跟态度。

陈：那么说比较优秀、比较大的本土广告公司，它在专业化体系上面跟国际公司相差应该不大吧？

杜：我刚才谈到动态的发展，在最初的时候国际化大家是觉得比较神往的，在一家国际化公司里边镀了一层金。这个"本土"我觉得有两层意思：一层是说我比较有本土的洞察，这是褒义的；还有一层就是说你比较土，就是一个贬义的。

很多4A公司也在做一些比较土的事情，在具体对客户、对品牌、对市场上有一些很本土的洞察。同样地，很多本土公司主要的成员是资深的，甚至以前在4A公司本身就做了一个很高的管理层，这样在本土公司里边做资深的人，那本身他的观点、他的模式、他的所有的一切，其实没有什么所谓学习不学习，只不过把以前那些经验搬到这边继续来用。我觉得在今天其实所谓的本土和国际4A没有什么太大的区别，区别只在于什么，我非常同意Andy说的平台。

广告行业要能承载年轻人的梦想

杜：我刚才第一次从一个Account出身的人嘴里边听到"梦想"这两个字。

陈：那么悲惨，你之前见到的所有的都不谈梦想？

杜：不是的，我以前见的非常优秀的这些全都是非常有激情的，而且就是他一定是对广告有梦想，但是听到从 Account 出身的人嘴里边直接说出来的，Andy 是第一个。我觉得其实是这样的，在我们很年轻的时候、很小朋友的时候，我想很多人可能没有听说过这句，但是很多创意人听说过这句，就说一个好的公司，是希望员工将来跳槽到下一家公司去应聘的时候，不是拿出来一个简历，我服务过什么什么客户，而是拿出来我在那家公司和创意部一起做出过什么样的作品，把这些创意作品拿来看。

陈：深有同感，深有同感。

杜：对，在今天，在很多 4A 公司为什么做了很多很土的事情？以前进 4A 公司的，我觉得至少从创意部和我们看到很多当时跟我们一起搭档的那些同事甚至一些策略部的同事，都是满怀着对广告这个行业的梦想和激情进去的。

陈：对。

杜：今天是不是在很多 4A 公司和很多本土公司都能够搭建出来这样一个平台，能够成就很多人的，包括新进来的年轻人的梦想，包括已经在这个行业里边磨砺了十年几十年的这些人的梦想？我觉得这是衡量一个公司的真正的价值所在。

陈：我觉得这不仅仅是衡量公司的价值，而是如果广告业不能够成长或者不能去帮助年轻人实现梦想，那这个行业就会产生很大的问题。

徐：对啊，因为一个所谓的 4A 跟本土之间的区别，因为我们都来自于 4A。问题是什么？我觉得我们不要再去把这个界限分得那么清楚，就像楚河汉界一样。

4A 与广告业的萧条源于从业人员梦想与激情的流失

徐：我特别想提醒，好的案例是真正帮客户去销售，帮客户去建立品牌，这是最终的广告精神。4A公司、本土公司的这种差异其实已经不重要了,重要的是说你真的帮客户解决什么样的问题。第二点,现在的4A还躺在当初的功劳簿上,但事实上,这个行业已经发生了一个本质的变化,新媒体对于传统广告业的冲击,它已经不是一个你不去改变你还能继续生存的状态。

陈:冲突很厉害。

徐:小到个体,大到公司,是不是真的有勇气去改变,为了客户的利益愿意去做一些坚持、一些舍弃,你去使用或者说你去很好地发挥这些新媒体的作用。还有一点就是说我认为这个行业缺乏一种力量。

陈:你指的这个力量是什么?

徐:其实就是回归到你的梦想,我们刚才聊到有梦想的问题,你看像日本跟韩国,他们都是由自己本地的人在主导自己本地的市场。

陈:电通、博报堂等等。

徐:对啊,你发现没有,中国的广告也走过了30多年的时间了,中国本土的广告人,是不是真正在主导这个市场? 我认为这个时间应该尽快到来。

陈:我有点不同意你的意见。我觉得电通、博报堂或者韩国的三星广告这些,它一方面在经验上是吸收了国际4A的经验进来;但另一方面,是一个链条公司,它们可能投资电影、投资文化、出版社、动漫形象,很多都在电通这个公司手上。所以就是说我同意您的观点,不是说我觉得这个时机到不到来是取决于中国的本土广告公司或者某些广告公司它有没有做产业链延伸的这种渗透。

杜:在这个行业里其实梦想是一种激情,是一种欲望。我觉得广告要去传播,是要去勾起消费者的欲望。首先这个行业的从业人员有多大的欲望,比如有一些文案可以去做作家,但是他们没有把它用出来,我觉得这个也许是平台的问题,那电通、博报堂在日本能做到,在中国是不是可以做到? 我觉得时机可能是一个问题,只不过是一个规模大小的问题。

徐：因为广告这个行业虽然是服务产业，但我认为它是一个比较高端的有创意的服务产业，在这样的一个前提下，其实我还是回归到人的本质上来谈这个问题，虽然日本、韩国这些都是由本地的公司或本地的人在主导。

陈：而且它背后有财团的。

徐：对，这也是一个国家对于这个产业重视的程度，那这是一个方面。另外一方面，我的意思就是，并不是说一定要靠本地的广告公司自己去发展、去引领，在4A公司里面的中国的本土广告人，他们应该承担起中国广告业的未来。

陈：那我们就回到一个简单问题上，就是刚才你已经谈的一个很严酷的问题，梦想正在失去。如果希望这些广告人去承担中国广告的未来的话，我们还是回到一个很土的说法，就是他得承担这个梦想，对不对？

徐：还有一个问题，这就是反向的，就是大家又是互动的，他不是单面的。因为这里面又需要行业去创造让大家觉得是梦想的这样一个所谓的时刻，你要让大家觉得进这个行业是心甘情愿的，是兴奋的，它不是一个职业，它不是一个工作，它甚至不是一个生存的所谓的一个收入而已。因为广告我认为是一个非常综合性的产业，你必须知识广博，然后同时你必须要才气纵横，你要多才多艺，但问题是必须要跟大家一起去创造这样的吸引力跟魅力，像吸铁石一样，大家要吸得住，而不是说大家发现与这个吸铁石是背道而驰的，大家都想离开。

陈：你觉得真正的问题出在哪里？

徐：其实我还是觉得可能大家都在谈，就是说微博上经常在发，比如广告人伤不起这一些。我特别想谈一个问题，每一个行业都一定会有人去唱衰，但是有一部分人的的确确对这个行业本身应该更尊重一点，然后更加把他们的激情梦想找回来，包括比如说像微博。我举个例子，我的微博，大家可以看到都是正能量，其实在这个行业我也很累。虽然作为管理者，但我还在第一线，在做很多跟生意相关、创意相关、策略相关的东西，甚至在考虑公司转型的问题，的确很累，但是我尽可能把正面的东西释放出来。我是希望那几万粉丝看到我表达的东西是开心的、积极的、正面的，它也许还是个梦想的东西，这个很重要。

广告人应该表现出对自己专业的尊重

陈： 所以我们回到这个问题，就是说从4A公司或者本土公司来讲，你觉得本土公司会不会更有梦想一些？或者还不如4A？

杜： 我觉得整个行业最大的一个资源就是人，这个行业往哪个方向发展，取决于大部分人在怎么想怎么走。还要看社会环境，看整个社会环境对人的影响，对整个人的知识才华的尊重。我记得当年的电通流传过一个说法：在东京的电通一个完稿他可以做到45岁以上，然后还是完稿，他没有去做美术指导，但是他拿的薪水比他的CD还要高，而且他可以很牛掰地说我是全日本最好的完稿。这就是日本的工匠。

陈：日本非常尊重工匠文化。

杜： 所以我觉得梦想不只是说文案一定要升到CD，一定要往上做，你把自己的专业做到最好、做到极致，这也是一种梦想，不是说整个行业我一定要做到多大。在社会上的那种光环，折射出来整个中国社会对于行业的一种尊重。

广告行业人才在流失

陈： 一个很简单的问题，你们希望别人加入这个广告公司时的期望是什么？

徐： 理想化的说法是，我还是希望他们把这个行业当成梦想来做，或者说当成是一个能够为中国广告未来去努力的梦想。但是现实一点来说，他们最好不要那么浮躁，能够尽可能地像我们以前一样，可以静下心来，能够好好地学习一个公司的文化、一个公司的理念，包括一套完整的工具，我们也会给他们提供更多好的培训、好的福利，为他们去创造一些好的生存的空间，起码在灵狮我尽可能去创造这样的东西。但是问题是什么？其实这是你的希望，但也许冲突就在于事实可能会跟你的想法有点违背。

陈：我们继续探讨这个问题，你们觉得国际公司、4A公司的文化跟本土公司的文化有没有不同，或者是各自的优缺点在哪里？

徐：曾经通过价值观跟文化可以吸引人，但是大家现在再去观察，比如说几大4A公司你们可以去看，事实上，好的、真正特别好的人才，其实是有流失的状况，甚至已经流失了。

杜：其实这个行业里边，就是由人构成的。文化是谁创造的？是人创造的。一个优秀的公司的优秀的文化，往往延承自它当年非常优秀的创始人，然后再经过后边的公司的一些非常灵魂性的人物，逐渐把它丰满起来，形成了在国际4A公司有非常多的Tools。但是另外一个本质是什么？我是要去创造出品牌，对塑造品牌有帮助的这样的一些作品也好、这样的一些策略也好，如果一个公司只是把它当作工具，然后没有被好好地传承，没有被传承人好好地去使用的话，它就会变成一种死板的工具。这种死板的工具，当然它还仍然具有最初的那种特色、那种风格，同样也会有光环，但是它的灵魂是不是还那么活？因为广告这个行业，我一直觉得它是一个与实业差别非常大的行业。非常悲哀的一件事就是，实业，如果我生产出来一件非常好的产品，那我就可以流水线，哗哗哗，去生产几万件几十万件，去市场卖，然后我就可以坐下来休息一会儿，去享受一下生活，然后再去研发下一代产品，或者根本不用，但广告行业不是这样的。

陈：广告业如何酷起来，这个事我也想问大家。

徐：因为我们在服务淘宝，我会看到它们的信息是瞬息万变的，它们的人的反应也是，那种快速，比广告公司人高效，简直无法比拟。我要说的意思很简单，就是说这个行业如果要发展，一是决定要什么样的人大家一起来做，更团结地来做。第二个问题也很简单，就是我们更新换代的能力、创新的能力。如果从专业来说，创新的能力是不是够。第二个问题是说，我们的人才体系，这样的此起彼伏的、长江后浪推前浪的能力够不够？这个是真正决定行业的未来以及是不是有光明的非常重要的一个点。

杜：为什么我总是谈到人，因为我们这个行业每天面对的是谁？客户。那我们要去洞察客户他的需求是什么,我们要去洞察消费者,对于消费者来讲能表达的一种关爱也好、表达的一种态度也好,这些东西最后是要落向消费者的。另外这个行业本身也是由人来构成的。那同样这个,我刚才讲到一半,就是说人,什么样的人来决定一个行业,我们希望这个行业会有什么样的人进来?那我觉得先不要去考虑专业技能怎么样,因为你进到这个行业,真操实练之后,自然就会有专业的知识、技能傍身。但最重要的是,你先去外面的世界吸收、学习很多的东西,你要去生活。

徐:这是肯定的,我觉得生活的本质就是创意的源泉跟平台。从客户服务的角度来说,你如何赢得客户的心,我觉得一是专业,二是你的东西或策略提供的东西够精准、够好。但是还有一点是很重要的,信任,与客户之间建立的信任。但是我特别想说,信任也许不是手段。

杜:我觉得一家真正有创造力的广告公司,整个公司其实都应该是创意人,在今天其实很多的本土公司都发展得非常有自己的特色,而且我觉得它们的一些优势是4A公司没有办法做到的。比如说在房地产行业有一个叫揽胜的公司,它就非常特别。

陈:基本上算意识形态一类的感觉。我觉得对于本土公司来讲,最好能够找到自己的一个特长、一个发展的方向。以前人们常常会说有一些是靠关系的,但我觉得在现在,专业的衡量会越来越大。

做广告的迷茫

陈:我问一个自己亲身经历的事,有个多年的好朋友,从本土公司做到了国际4A公司的ECD,他确实有些厌倦,他想干点其他事情,你们觉得能给他一些什么好的建议吗?

徐:我觉得既然已经是迷茫了,甚至灵感的源泉已经可能相对比较枯竭了,就应该干脆一点。这是我的建议。

杜:这是一件对于这个行业的,尤其是创意人来讲非常痛苦和可怕的事,这种时刻我觉得我没有办法给出一个什么建议性的东西。我只能是说给我们每一个在行业里边的人敲一个警钟吧，就是你在生命有更多精力的时候，然后多给自己培养一些爱好、培养一些兴趣。

徐：不管是本土的还是所谓的国际4A的，我认为这是集体的迷茫。但如果你还有竞争力的时候，你应该非常有判断性地、有尊严性地去选择一些相对比较好的客户。我认为好客户起码有两点：一点是他能够给你有创意的空间跟策略的空间，这就是一种激情的源泉；第二点是当他不够有创意的机会的时候，能够给你提供比较多的弹药，我是说费用，他可以让你去创造一些比较好的营销案例。

陈：我理解，你无法让一个迷茫的文艺青年去找到新的出路。

杜：我觉得这可能需要一棒子敲醒他，就是说在这个世界上，广告从来不是一个最具有创意的行业，我们要认识到这一点，对吧。所以说，其实我们要比较，我觉得我谈到这点是希望我们能够比较客观地看待创意，就是在传播领域的创意，因为人类发展史上，推动人类发展的一些伟大的创意，比如说产品创意，还有一些科学，它产生的整个社会影响力，那个太大了，我觉得比较客观地来看待自己的这个行业，尽量让自己的生命在能量比较充沛的年代里边，去迸发出一些火花来。

加班

李映红
DMG集团首席运营官

吴捷
CHEERS创意合伙人
（时任灵狮中国区合伙人兼
首席创意官）

罗易成
时任灵智精实创意群总监

罗：两位做广告很长时间了，加班最凶的一次是什么样的？

"加班"调节心态很重要

吴：其实是这样，我本人没有那么勤奋，其实也算比较懒的创意人员，一般加班不会超过凌晨两到三点以后的，因为通宵对我来说损害精力是比较大的，这是一个。第二个就是虽然广告是一个服务性行业，它实际上取决于客户的作息习惯和你的作业模式，其实是很多服务行业无法避免的一个很重要的特点。

李：我觉得"广告行业加班"这个说法不太对，我觉得我们应该改成叫"超时工作"，为什么呢？因为广告行业的超时工作是由多种因素造成的。第一种是我们不少广告人的生活习惯：平时白天上班的时候他没有Idea，到半夜他突然灵感来了，这是第一类人。第二类人是因为客户的要求，下班的时候突然来一个要求，我明天早上要，这没办法。第三类就是我们可能有一些业务人员，或者我们业务部各个方面对客户管理的不善，明明不需要超时工作的时候，他偏偏无限制地去承诺客户。

我是一个生活很有规律的人，但是有时候为了很重要的事情，通宵也是干过的，但是我是不太喜欢这种情况的，我能避免就避免。

罗：当加班受不了的时候，怎么去调节自己？

吴：像我们公司的客户结构类型，比做纯快销的广告公司加班的幅度还是要小一点，但是这两年我们强度确实比较大，原因就是公司要快速发展。第三个就是现在面对移动互联网的新技术媒体的一个挑战，我们受到的影响是最大的，所以你必须自身要花很大的力气重新培养人才，包括你的客户结构转型，包括你的经营模式转型，其实要做很多功课。

你必须花更多的精力去面对目前的一个变局，这很重要，心态调整，养成自己的作息习惯的相对合理化。第二个就是跟朋友有更多的一些体育活动。

李：我觉得首先你得有良好的心态，包括面对超时工作你是怎么看的。如果你是带着乐趣去进入这个行业的，你热爱它，那么可能你的感觉、你的身体状态，各个方面都不一样。

谁决定我们的"加班"

罗：比如说我们从公司的高层来决定加不加班，自己决定一部分，然后客户那边可能决定一部分。但是对执行层面这些人来说，他的组长、他的总监、他的老板、他的客户，方方面面的人，包括他的搭档，都会影响到他今天要不要加班。所以假设从执行层面，我们能够给他们一些什么样的建议，让他们可以尽量避免或者是减少加班。

吴：首先我们相对来说偏服务性，本质上就是做好对客户的管理。当有高利润率客户，或者是一些比较大的客户来的时候，你首先是不会拒绝的，这是一个。第二个为什么我们的作业效率下降得非常快，一个很重要的原因，因为面对所有新兴媒体的结构的冲击，整体行业从业人员的专业素养、面对客户的能力、管理水平都是在下降的，这是一个非常重要的原因。第三个就是需要规划、选择一些对客户的管理模式，包括对他的沟通方法。

但是仍然会有这个问题的原因就是，第一个你的市场不一样了。就是说做汽车这个市场，在十几年前我第一次坐车的时候，中国只有三辆合资车，奥迪A6、本田雅阁和上海别克，现在有几百种车型，说明它的竞争环境和客户端的压力是非常巨大的，所以它也会导致你的工作强度和应对的反应速度要比以前快得多。我认为这两点是目前我遇到的比较明确的一些实际问题，尤其是过去这两年特别地明显。

李：因为这是一个快马加鞭的时代，首先要有一个良好的心态。第二个，进入广告行业，你首先要喜欢它；你不喜欢它，你入这个行肯定会觉得很痛苦。第三个，吴总说得特别好，我们要加强自身素质的培养。

我们经常会碰到，比如在国际公司，那么我们作为中国区域，老外看到我们的总人数经常会很吃惊，你们为什么会需要这么多人？第一个，就是我们这边还是习惯人海战术，我们的人员的平均素质是偏低的，虽然挨板砖，但是实际上必须要说的一个现实，这是第一。

第二个，我们广告公司里面还有一个问题，就是我们的系统不是特别好，我们很多时候还是得靠人工，如果说有比较好的系统，数据分析，各个方面，不用靠人海战术，可以减少好多好多人的超时工作。所以我觉得，自身素质，包括我们的系统的培养，就有一句话大家可能也听说过，说广告公司的未来，将会是软件公司，将会是IT公司，所以我们的广告人首先要在这方面提前做好准备。

互联网时代广告人如何管理时间

罗：实际上有了电脑和互联网之后，我们的工作强度反倒是越来越大了，包括现在互联网。它其实也是一个双刃剑，它让我们做创意的人可以去了解，很轻松地去了解到很多方面的资讯，去刺激自己的创意。但实际上我们花在网络上的时间太多，如果从基层的人来说，是自己怎么去管理自己的时间这么一个问题。

另外一个就是你自己慢慢要有一个判断，如果你写的这个东西自己觉得没问题了，就可以跟美术排进去了。这其实对他们来说也是可以减少加班的一个途径，回到你们的角度，可以帮助他们去减少对你的过度依赖，放权也好，或者是其他一些办法。

吴：就是公司的角度的话，无论是创意还是各个方面，它肯定有一定的授权，同时也有一定的管理体系。我觉得作为管理者有一条很重要，就是要尊重你的同事的时间，尊重他们的时间，按时。

李：我这个特别有体会，有人超级不守时，而且让他的部下在外面等他一个小时、两个小时、三个小时。这种人很多的，所以咱们以后要对这种人进行批判。

吴：没错，这个行业是弹性工作制的，但是我的标准非常简单，第一个准时，第二个保质，这两点是我最重要的管理标准。为什么很多人会拖延时间？可能第一个是说有同类类比；第二个是说大家不带着想法来，都是现聊，效果也不好。

罗：这其实是我们自己需要去改的，你想要少加班的话，你先从自己身上入手。

李：我觉得广告行业的人要养成对自己时间进行管理的习惯，尊重自己的时间，也尊重别人的时间。

罗：比如说我们经常打交道的客户部，我们所有的活都是客户部从客户那里接到的，然后转给创意部去做。有时候客户部它其实也会很大程度上影响到我们加班的一个结果。比如对于客户部这样一个窗口，怎么去改进效率？就是让它变得更加精确、更加有针对性。

乙方与甲方的博弈

吴：我们是乙方，"乙方"这个词是带着很多辛酸的含义的，甲方的要求就是圣旨，所以我们做客服的人员往往是客户给他说什么，第一他不敢反驳，第二他不敢多问，然后他拿着客户的意见就转回来了，因此就导致了几种情况，刚才你说的。第一种他没有完全理解客户的要求，造成了我们其他部门的超时工作。第二种是有可能客户的要求并没有那么急，客户只是随便一说，我们这帮团队就因为这一句话来加班。所以我觉得某种意义上讲，也需要各个广告公司对客户部门的人员的素质进行培训，第一要管理好客户、服务好客户，要有好的服务意识，同时要管理好它，在客户的意见不对的时候，要敢于说NO。

罗：客户部在给这个Brief的时候，请你给我一个时间表，就会看出来是不是客户真的有那么急。

吴：这个问题就是说，你首先得设置一个制约方法，培养平等意识，但甲乙双方的关系很难更改。

罗：好像这个就是无可救药的一件事。

吴：就算是超级大客户，我明天必须要给老板看，你不给我怎么办，这个时候你就必须对他有授权。在这种情况下，你给我的CEO打电话，不接，就是必须要有一定的授权，你不能每次都拒绝，这不可能，但是你必须把比例降下来，这是必须的。

罗：但是也跟公司的预算有关系。

李：也是看你的客户的构成，你的客户足够量，让你可以对客户说不，这是很重要的一点。第二个也是看你公司练出来的活怎么样，你干的东西不错，客户相对满意,有时候你对他说不,他在某种意义上也是可以尊重和接受的。

创意永不熄,加班无止境

李:头两天看到过有一个说法,说好的广告词是改出来的,这个基本上体现了我们这个行业的宿命。

罗:对,其实好像这个活做得是没有终止的,只要有时间你还可以接着往下做。

吴:对,所以这会导致对客户的很多方法出现偏差,当然也刚刚聊到过就是时间问题,这是一个很典型的。就是我会知道这个客户的特征,不到上市前最后一刻,他绝对不过,他也不是觉得你不好,他就是要到那个时候。

罗:他自己在纠结。

吴:对,所以一般来说聪明的创意人员,他会采取一些方法,我也不跟你硬干,我就开始先拿我下面的,每次我丢你个Idea,我慢慢地拖到那个时候。他改变不了这个事实,需要一种技巧策略,这是一种。有很多人包括不守时,我相信也有这个原因,就是我守时了没用,我守时地做完之后,明天又是当炮灰。

罗:但是至少可以保证今天我们不用加班。

吴:对,所以他会觉得我来早来晚了并不会影响结果。他有这个心理习惯的原因很复杂,就是刚刚李总最早说的,我们这个行业本身是一个发展中的行业。不光是广告这个行业,其他行业都有的问题就是,第一个是利润率,第二个是你的客户需要我的市场,包括我的业绩是发展性增长的,为什么今天你会这么做?就是我们对口的客户的主要高管,他的业绩主要来自于这个市场的快速发展,竞争环境比较恶劣的市场快速增长。这个是基本需求,所以广告公司的结果是必然的。

甲方梦猜想

罗:假设今天两位变成甲方了,可不可以做一些什么样的改变来帮助乙方?

李：现在中国正在跨越式地发展，客户上升得非常快，甚至我们平时比如说大学毕业的同学，有的人去当客户了，有的人去了广告公司了，其实两边同时在上升。比如说超时工作各方面非常悲催，但同时也要看到，其实中国的广告人上升得非常快。我们的人才不断地向外面流动，不光是广告，也在别的圈里面流动，所以造成了我们要用很短的时间追上西方几十年的情况。

吴：广告其实就是中国社会的一个基本缩影，就是我们的经济发展水平没有到那个程度，你希望弥补过去掉下来那么长的距离，所以你必须得经过这个阶段。

我认为广告也是这样的，而且其实也不是咱们中国广告业，全世界的广告业或多或少都在加班，这个比例并不低，像欧洲的，他们是绝不加班的，五点半准时下班。

罗：其实香港好像也是。

吴：但是我觉得美国导演是加班的，他们是希望通过自己的改变可以改变一切的，所以价值理念还是不一样的。但是这两年我再去欧洲拍片，他们可以加班了，经济危机，他们有很多都是亚洲过去的单子。

面对增加费用，甲方的选择性失明

李：我们广告行业，至少我观察过的绝大多数公司是弹性工作制的，加班很难定义，这是第一。第二个也跟中国现在的客户付费现状有关，现在中国的客户付费水平在世界上属于最低的之一，像加班费这种额外的费用，会让所有的广告公司破产的。

吴：当客户在付你月费或者单位利润的时候，他不会考虑你每年员工工资的增长，包括你其他的福利，包括税率、"四金"这些东西的成本。月费只会少不会增加。

罗：所以说就是客户会选择性"失明"，月费还是去年那样好了。

李：所以在这种情况下，广告公司要么是一人多干，要么就是明明总监的工作却派一个小助理去给他干，只能是这样。

吴：但这是一个最基本的出发点，是因为这个行业对客户的核心价值减低了，所以客户觉得付你那么多费用好像没有必要，这就是根本问题。

罗：从过来人的角度能不能给新人们一些建议或者是忠告。

李：我觉得首先是一个，就是如果你刚大学毕业，即将进入广告行业，那么我觉得首先是要想透这个行业经常会超时工作，二是你要学会当乙方，你需要有良好的心态，但是这个行业可以吸引你的是什么？第一个是快速增长，如果你抓住了好的机会，你的事业上升速度是非常快的，而且你的事业发展的空间是非常大的。

吴：我可能会泼点冷水，这个行业实际上是这样：它属于那些有理想的人，因为这个行业的天花板特别低，它不是一个可以无限往上走的，因为大多数我见过的这个行业的大佬，在做到ECD、做到总经理之后的20年是空白的，他没有任何的新鲜感，原因在于他没有找到这个行业里可以往前继续走的新的类型或者新的起步点。

罗：有一个调查，把所有的行业放在一起统计非正常死亡概率，以富士康为代表的加工业排第一，紧随其后的就是我们的创意公关行业。希望通过今天的对话，大家慢慢觉醒，慢慢改善自己的生活。

广告民工生存现状：比稿

王欣
Y&R 副总经理

吴捷
CHEERS 创意合伙人
（时任灵狮中国区合伙人兼
首席创意官）

罗易成
时任灵智精实创意群总监

罗：广告这个行业，比稿就是一件很难以割舍的事情，但是有时候会变得很折腾我们，所以我想请两位从情感上说说，你们对于比稿是一种什么样的情感？

关于比稿的爱与恨

王：从情感来讲，确实比稿让人又爱又恨。每一次比稿都有接新生意的机会，通常令人比较兴奋。说到恨呢，现有的人员，除了日常的正常的工作以外，要拿出加班的时间去做比稿的工作。

罗：对公司还是额外的一个开支。

王：对公司也是一个挺大的开支。

吴：现有客户对比稿来说，肯定是恨为多，因为对它而言，最好的结果就是维持现状。我觉得对很多创意人员，尤其是比较有企图心的创意人员，包括客服人员，包括策略人员而言，实际上 Pitch 是一个非常好的展示自己才华的平台，所以我认为从这点来讲我是比较爱它的。

罗：**假设我们接到一个比稿的机会，我们都会在想客户到底有多少诚意，我们能拿下来的机会有多少，尤其作为管理层，会评估值不值得我们去比，那你们从经验上会有什么样的考量？**

吴：首先我认为每个行业的人首先要尊重自己的专业，其实作为管理层来讲，要明白 Pitch 的意义是什么。第一个，公司客户现在有业务危机，我们需要参加实际业务，这是解决吃饭和温饱问题，这是最低层次的。第二个，现在客户量不错，对未来的长远发展要有价值，客户的类别、类型我比较需要。第三个其实是抛开业务和声誉的长远规划，比稿非常能够在短时间内提高整体 Team 的作业水平。

如何判断客户的诚意

罗：如果今天看到这个客户跑过来说，你们来参加比稿吧，我怎么能看出这个人是不是真的想要比稿？

吴：一般来说还是有基本直觉判断的。第一个，圈子里能打听到消息，三到四个以上的Pitch，除非你生意情况特别糟糕，我不建议参加。第二个，两轮的，就是他Pitch玩到第二轮的。其实除了特别设置的一些考核指标不一样以外，直觉上我一般不接受这种。

罗：还有些就是利益之间的分配，或者是话语权，没办法马上作决断，所以来第二轮。那王欣您觉得呢？

王：从管理层的角度来看，对于一个比稿，第一我们是看一下客户方面他给的标书是不是比较正式。第二个呢，客户是不是对我们广告公司比较了解，这个也是我们要考量的。那再一个要考量的东西呢，就是我们也在观察客户是不是知道他想要什么。

罗：但他不知道自己要什么。

王：对，他不知道他要什么。你经常跟他交流的时候你能感觉到，他说这个不是，那个不是。那好，你告诉我，你想要一个什么样的东西，他表述不清。那在这种情况下你要参加比稿，就是一个挺麻木的事。最后一点，客户是不是对你尊重，自己跟客户之间是一个Partner的关系，而不是一个主仆的关系。

罗：我不知道你们两位认为比稿呈现出来的东西和平时提案提给客户的东西会有哪些不一样？

比稿本身也需要创意包装

吴：首先我觉得花活这东西你要看形式还是内容。第二个呢，我认为如果你没有平时的花活的基础准备，关键时候你也做不出花活。

罗：所以执行的一些细节上面是会体现出你这个公司的一种专业性。那比如说到了总监或者老板层面，更看重的就是大概念，所以在比稿的时候，我们自己在看一些东西，需要去定方向的时候，你们一般会有比较特殊的考虑。

王：有一个比稿给我印象特别深，那一年呢，我记得是上海贝尔，我们当时就做了点功课，所有参加提案的人员全部做了一套T恤，印的客户的Logo，就完全是客户的东西。我们当时一个理念是让客户在这边提案，到听完了东西以后，让他觉得应该是我们离开而他不离开，最后效果真的是相当好。所以你刚才一说这个的时候，我就想到了这么一个场景。就是那年，这个比稿真的赢了。

比稿作秀要有度

罗：但有时候呢，你就把这个形式包装过度了，就是它本身是一场秀，但秀得有点过度了，就变得形式大于内容了。这个度在两位来说就是怎么去把握，其实也是一个问题。

吴：其实这个时代，客户的决策者，更关注的是你提供的核心价值。我认为，其实还是会有一些实操的要求，就是你实际的内容合乎你落地的综合解决方案。那在这个之上，你怎么样让他感觉到你的现场的一些气氛，把它当作是一个实际的解决方案，而非是一个生意。

王：我的看法就是不要过分形式大于内容，太实在了呢觉得比较迂，所以这个度确实是需要把握的。

吴：所以态度也很重要，我认为广告公司最后一块遮羞布是神秘感。就是客户对你本人的这种信赖度，这点是广告公司对客户维持尊严的非常重要的一个砝码。特别是比一个稿，公司总部为了表示对它的重视，就有全球的ECD或者全球的策略总监都跑过来了，那实际上就是我们之前没有演练过，所以大家想创意，就是本地的人也会想，他们也会想一些，到一起讨论，就入不了他们的法眼，慢慢就是，最后聊着聊着，好像就是不带我们玩了，他们自己有他们的一套东西。那本地的人，就是当地这些广告公司的人就会被架空了，或者变成了一个打下手的，甚至这个广告公司的ECD们都觉得，那你们自己玩去吧。

本土创意如何防止被"空降兵"架空

吴：我始终认为在这个时代是结果决定一切，你派过来一些高管就可以带来一些很新鲜的Idea。

　　这个标准在于，如果是一个非常本地的客户，那么首先本地的高管要让他明白这个Pitch赢的关键点是什么，比稿策略。之后，也许说因为你是依据本地的文化、语言和问题而做出来的创意，或其他方式上有差异，但至少对我来说是一个很好的借鉴。就是你的方法上是没有错的，只是这个说法和做法对本地人而言，接受方式不太一样。但是我认为这个对我仍然是有借鉴意义的，我始终认为Pitch的关键在于，无论你是有外籍高管，还是你以本地实操作为主导，关键是一个团队、一个理念，这是关键问题。

罗：对，当年我在FCB比奥迪的时候，是从台湾请来人，当时他说，做车，无非就是你找到人格和车格中间的一个契合点。这就像你说的，有空降兵的时候，他真的会给到我们一些好的东西。但实际上，我们怎么去找到统一的标准，而不是因为我是空降兵，所以你得听我的，或者我是地头蛇你要听我的。

王：我想说老外没有问题，但是他一定要融入中国。有一件印象挺深刻的事，就是比马自达的时候从东京、纽约找来做过车的这种大腕，国内ECD其实被架空了，因为他原来做的都被空降的给否了。他们很短的时间，只用来炫技，结果比稿失败。

罗：从你们高层来说，我们需要做哪些额外的功课？比方说把客户请出来建立一个联系或者好感？

吴：他首先肯定是公平的，我认为在这种情况下，他不太会在私底下跟你出来单聊这些事。如果他希望通过程序帮你，比如更了解我这个企业的一些背景、一些销售情况，是相对有些偏心的做法。但是一般来说他愿意这样做的话，我认为对你的认同度首先是比较高的。

罗：所以除了提案本身，我们真的会有一些功课是需要去做的。我们当年在比大连的一部手机的时候，客户那边有一个美女，可能是一个高管，我们提案的时候，她总是用很赞许的微笑面对你，感觉你提案提得非常好。但是后来我们发现，其实这个人她是电视台的一个主持人，然后被他们老板挖过来，反正什么场合你都参加，你就给人笑就行了，所以这些真的需要我们提前去做功课。包括他们的角色到底是一种什么取向，或者他们有更多的一种需求，都需要我们去了解。

广告行业"比稿费"失传

王：好像最近这几年很少看到能收到客户给的比稿费的。

罗：但是现在一旦有比稿，还是会有很多广告公司一拥而上。那是我们在作贱自己呢？还是说客户他对知识产权本身就没有一个意识？他不觉得你们的智力是值钱的。

吴：市场决定一切，其实我觉得广告公司也不在乎这点钱，它主要是一种尊重。但是本质上我认为企业具体的负责人没有这个习惯。

罗：他没有这个习惯，他不知道怎么尊重你。

吴：对，第二个，中国的广告公司多如牛毛，所以这种习惯逐渐培养下来了。

罗：其实在国内我们所说的4A没有相应的一个机制去保护自己，或者说谁都别来坏了这个规矩，你来就要尊重这个游戏规则，现在就有点乱了的感觉。

吴：这是必然的，第一个就是你对客户实际的制约率，包括你提供的核心的价值已经开始非常弱了，这是一个很重要的事。第二个，你处在生存这个最基本的层面时，大家是不会遵从这些游戏规则的。这些规则其实我在入行的时候已经听过很多次了，从来没有被遵循过的，在生存面前你无法遵循这些规则。

进攻型比稿与防卫型比稿的策略差异

罗：那下一个问题，如果今天有一个客户告诉你，你跟进的项目需要拿出来比稿，就从你的手里抢走变成别人的客户了，那你怎么去对待？

吴：你一直拥有的东西总有一天会离你而去的，这是规律。你首先在心态上要摆正。第二个就是，他必然有很多不满，或者开始审美疲劳。那我认为是时候参加一次Pitch，可能对双方都有好处。首先判断他比稿的最终原因是什么。第二种，没有什么原因就是看烦了，其实你参加Pitch完之后，会让客户认识到其实还是你最好，但是要做好一些沟通。

罗：那还有问题，比如灵狮在做奥迪、Jeep、雷克萨斯，就是我们感觉好像在某一个领域里面只能一夫一妻，你现在等于就是三妻四妾了，很多人挺好奇这个问题的。

吴：其实这个蛮正常的，你在某一个领域里最好，为什么要放弃这个领域呢？你可以把你所有的核心人员、团队和人才储备最大化，这是最重要的，而且最有可能让企业更快发展。首先我们要遵循客户双方的意见，首先车厂，包括像银行，它都有一些相对比较明确的实际竞争关系，比如中国移动或中国联通，中国最大的移动通讯公司之一，所以你选择性很少，不存在。车厂呢？因为它的矩阵时代，所以不同类型的车型和相对应的车型越来越繁杂。可以说奥迪跟Jeep不是一个类别的，但是也有人挑战我，说那你Jeep的大切诺基的销售价位跟我的Q5和Q7是不是一样，这个还是要看双方客户对这个事情的判断。首先我认为第一个，我的客户不认为Jeep是他的竞争对手，他是西部市场的，跟他不是竞争对手，这是一个最重要的判断。第二个，Jeep的客户认为有什么关系，我就要你的实力，对中国汽车行业最了解的实操经验，对我是一个宝贵的财富。

比稿换了代理商，人还是那批人

罗：那回过头来说，你比稿是拿给别的公司了，比如说你拿给睿狮，但是发现在睿狮还有达彼思以前的一半人在做，实际上有点换汤不换药的感觉。有时候客户他的出发点就是我想换一批人来做这个事情，现在变成就是你换了公司，人主要还是那些人在做，那这个比稿意义还大吗？

吴：我觉得是这样，我拿到了别克之后，别克原来的Base的服务团队都会过来，但核心有个问题，他还是比较认你在Pitch现场的核心人员，你那些只是对我来说像是补充性的中层或中低层，所以他可能不关心这个事情，因为基础的事情还是要天天做的，而你作秀的事情可能是要一两个做最好。所以我认为这个可能是客户的无奈，也是广告公司这个类别的无奈。假如我今天拿到诺基亚，我也没有做这种行业的经验，那对我来说最好的就是，我可能会全面沿用原来的班底。

王：因为比稿更多的不会是执行人员，肯定是创意的大佬和你的策略人员，所以客户看到的是方向性的东西、策略的东西和后面的这种风格是怎么样的。但是真正执行日常的这种工作，那肯定都是下面的人来做，他肯定不愿意再招一伙人过来，从来没接触过这个，也不理解这个。所以我觉得这种情形在行业里面谁都经历过。

罗：刚才两位给我两方面的启发。一方面，我们在比稿的时候，我们为什么要比稿，当一个公司你过于依赖一个客户的时候，他在你的生意构成里面变得很大很大、你离不开他的时候，可能是比较有风险、很危险的。这是从公司的角度去讲。从广告人的角度去讲的话，如果你真正专业上做得很厉害，今天你在做这样一个客户，如果因为比稿输了，丢给别的一家公司了，其实你在这个市场上还是有价值的。比如你换了一家公司，你还是在服务这个客户，你的价值还是能呈现出来。

营销人的幸福梦

郝炜
凤凰网全国营销中心
副总经理

肖明超
商业趋势观察家、
知萌咨询机构CEO

刘阳
琥珀传播CEO

徐进
凤凰新媒体高级副总裁

广告营销靠艺术还是靠技术

郝：现在整个行业里边可能有两种声音。第一种声音说要用大数据，我们去找到这些用户。第二种声音说，我们坐在这里，然后吸引我的消费者过来。所以这个话题其实也代表了两派声音：一个技术派，可能一个艺术派，这就是广告的技术与艺术。那么我想先问一下，浸淫在消费者洞察这个圈里边很久了，肖明超老师，这两个观点，您支持哪一派？

肖：我想大数据能够帮助我们去有更多的方法和技术手段找到消费者，甚至可以把消费者切割得更碎，甚至可以切到所谓的精准的每一个人。但是呢，大数据其实它并不能完整地解决对消费者的洞察。

而关于内容的营销，你想去影响到消费者，你的品牌想和消费者去沟通，其实你单纯只是找到他们是不够的。所以我一直在讲，我们今天不是去讨论数据的大小，我觉得小数据比大数据更有用。而小数据是什么？其实小数据更多的是我们对用户、对消费者的更深刻的洞察，所以大数据有技术可以去抓到人、去找到人。但是如果我们不在大数据上面去做洞察，其实你的营销还是很难真正去影响消费者。

我把营销分成三步。第一步叫打中消费者，第二步叫打动消费者，第三步就是要打赢市场竞争。那么大数据可能在很大限度上可以帮助我们去打中，甚至我们现在看到有很多的传统媒体也可以有很好的方法去所谓的做到更大地覆盖、去打中。但是真正的品牌，我认为你要让消费者为你作出他的购买决策和行为，那么更重要的是你真的要打动他，而打动他，不单纯是用数据。

所以我认为说，营销为什么我讲是科学和艺术的一个概念，就是我们光是数学还是不行，光是科学家还是不行，我们真正地要跟人文去结合，跟消费者实际的场景去做更好的结合，去找到他的一些共鸣点。这样最后我们才有可能在真正面对市场竞争的时候，去打赢营销的战争。

郝：这个我本人其实也有一个故事，大家可能看过一部电影叫《超级奶爸》，有一个美国的海军陆战队员，他奉命去养一个小孩。如果单纯从这个数据层面来看，你可能看他在超市的消费行为，比如买了很多的纸尿裤，然后你对他去投放很多纸尿裤的广告,可能在当时有用,但在之后,他可能不会再去买这个东西。因为你要再去看他的媒体浏览行为的话,你会发现他更加关注一些军事类的,关心政治类的。

所以这个大数据背后是不是能够找到人,这是第一步;找到这个人之后,对他说什么,这是第二步。所以刚才肖总提到了第一步。那么第二步,我想问一下刘阳,就是找到这个人以后,我们用什么方式去跟他对话会更加容易?

刘:有一个很好的观点,乔布斯以前也分享过,消费者其实不知道自己要什么。他说你要是福特的总裁,如果在汽车没有做出来之前问一个消费者,你需要的到底是什么,消费者可能会跟你描述说,他需要一匹很快的马,可能不是汽车。所以,大数据从一个角度上来讲,它是基于消费者现有的消费习惯的一个分析,所以它具不具备一个前瞻性,具不具备引领某一种营销方式或者某一类新的产品的导向性,还值得商榷。

我同意肖总刚才的说法,回到我刚才那个例子,就是说大数据不可能引导我们把剃须刀变成性感的剃须行为,不可能引导我们去做这件事情。这件事情是基于一个人,基于对人心的敏锐洞察,基于对消费者生活场景的细致观察之后得出的一个结论。那么大数据的好处是,基于这个洞察和基于这种前瞻性的考量,数据进来之后可以对它进行更细致、更准确的支持。

但是你死咬着数据,什么事情都从数据出发,而放弃了或者是弱化了真正对消费者的观察、理解,就是我们所说的洞察,未必是一个非常好的状态。

肖:我们今天讲营销人的幸福梦,而我过去跟数据打交道比较多。我们现在做消费者研究的时候,也面临大数据的革命,我在很多场合跟很多技术公司的人都讲过,以后你们这一类公司,你们这帮人就都没有工作干了,因为大数据来了,我们技术一分析,然后人群就都出来了,然后就可以作营销决策了。但是其实在我们过去做的消费者洞察当中,刚才刘阳讲的很重要的一点就是,很多时候过去并不能代表未来。

所以现在我的工作是,我更多地在关注我们怎么样去弥补数据的缺陷和数据的陷阱,更多地关注如何基于消费者的生活场景去做未来趋势的研究。

与媒体相比，广告公司的消费者洞察有何差异

郝：问一个问题，其实这个问题我觉得更适合徐进来回答。你十多年浸淫在广告公司做消费洞察，和到一家媒体做消费洞察会有什么区别？其实我觉得跟刚才肖总所提到的近似，以前我想做的是一个时效，就是阶段性的这种消费者洞察，而在媒体可能更适合做这种长久的趋势的观察。

徐：我觉得是这样的，就是说包括我自己这一次转型，有一个很重要的点，因为在广告公司的时候肯定要去做的东西，但是因为这种互联网社会，包括这样的整个社会化媒体的推动下面，受到的冲击非常大。其实我更愿意把大数据比喻成一个显微镜，它能够帮助你非常精准地找到你的目标人群。但是呢，实际上在这个目标人群找到之后，我们要去很深刻地研究消费者形态，所以广告人可以去做这件事情。

但是广告人可以做前端的很多，像比如说策略，包括整个像品牌的定位和后面的品牌营销。但是到后期的时候，你就会发现一个问题，因为大的平台、大的资源其实是在媒体或者一些大的互联网公司手上，所以如果要把整个的营销常态化，或者说做得非常好，那么必须要借助这种媒体的力量。

那么从常态来说，我认为真正有价值的营销，其实应该是基于大平台、大事件的。我曾经在给北大学生上课的时候说过一个新的"四化"，叫营销的新闻化、营销的事件化、营销的公关化，还有营销的内容化。也就是说只有基于这种平台的营销，未来才能够跟消费者建立真正的情感联结，而且这种情感联结要比物质属性的联结更加有效。那么总结来说，其实可以从大数据找到我们的目标人群的，但是同样要基于大数据进行深入的消费者形态的研究。

然后基于这个研究，我们当然要有非常好的内容，但是内容的生产一定要借助大的平台或者说大的媒体的力量，进行整合营销，建立情感，包括建立跟消费者生活化的联结。

何种方式与消费者建立沟通更长效

郝：大数据是我们找到消费者的一个必要的手段，它是过程中的一环，而找到

他们之后，要对他们说什么，这可能需要我们的媒体更深入地回答。

这个分级其实看字面的话是非常常见的，而且相信很多人心目中都有自己的答案，相信各位在日常的营销操作过程中也会遇到这样的问题。就是在我们跟消费者建立这个沟通的时候，是用物质刺激他们更有效，还是用情感去维系他们更有效？

刘：我觉得是基于一个品牌发展过程中，不同阶段的不同的需求，也有一些我们反复用轰炸式的广告，直接达到叫卖的效果，可能这样的广告你稍微会停一下，后面就完全有问题了。但是还有一些广告，它可能注重或借力于它自己品牌的一些精神的内涵，或者说它这个品牌的价值的体现。而且中国现在整个的营销环境非常复杂，不是说第一种或者第二种，哪种会更好，而是在不同的市场，这两种有不同的方式可以去做。

我们也看到很多产品，包括像脑白金这样的产品，一直都在叫卖，而且一直卖得不错。基于那样一个市场环境，它是OK的。但是我们也看到另外一些产品，它们基于品牌的精神内涵和价值，兴许会走得更长久。它在另外一个市场里面会体现出它特有的力量。

所以我觉得这两个方式基于现在复杂的市场环境上，它们各自有不同的适合的体现。

肖：我想做点补充，一方面来讲，跟一个品牌的发展阶段有一定的关系。因为很多品牌刚刚创建的时候，它可能需要很大的一个市场的突破，那这个时候，它可能会更多地去借助渠道促销，甚至有很多功能层面的诉求，它希望能够快速赢得市场的认可。但是当经历完这个阶段，沉淀之后，我知道特别像中国有很多非常优秀的企业，其实它已经完成了这个阶段的积累，那它需要什么？它需要有更高层面的，包括它对品牌的附加值，包括它需要去通过引领生活的方式，需要这种营销和消费者建立持久的联系。

第二个看法，不管是功能的还是心理的诉求，某一种程度上来讲，我们其实是在建立一个消费者族群的概念。如果说我们单纯只是靠功能性，你会发现，其实功能的竞争很容易就进入到一个红海。因为在中国，我认为很多企业其实不太擅长做红海领域的竞争，因为其实有很多品类，大家都陷在功能里，一陷到功能里面你就会发现，你必须每年要去拓宽产品线，你要把很多资源不断地用去推新品，尤其是在竞争激烈的这个领域。

所以我们会发现，越是竞争激烈的领域，对于消费者心理层面的这种价值的认同就越重要，因为它能够帮助你的消费者族群去和你建立更加紧密的联系。

郝：马上11月11号的时候，大家知道会发生什么事吧。这几家电商肯定又会用各种价格策略来吸引各位，所以这个徐进你怎么看？

徐：其实我是这么来看这个问题的，我觉得在中国是非常多元发展的，不能以经验或者体系来论断。比如说我去年在做淘宝女装营销的时候，有一个片子叫"衣服是女人最动人的语言"，它其实做得非常情感化和态度化。然后本来客户的营销目标是大概1个月29个亿，最后销售达到了49个亿。

当然后期它又推出了四个1，就是光棍节的营销，最后营销是非常简单的、非常直接的促销行为，最后达到了大概200多个亿这样的营销规模。当然这个是全网营销。所以我特别想说的是，其实营销本身的确是没有对错。要看每个企业自己发展的阶段，包括它自己的这个目标人群的需求，包括它的形态。电商已经喊了两年所谓的品牌化，但实际上电商一直在追寻更多的品类、更低的价格，比较偏促销化、产品化的这样一个营销模式。

但是它也很成功，所以只能说每个类别不一样，那么它每个类别就有自己的不同的营销需求。再比如说我做了很长时间的汽车，奥迪、雷克萨斯，包括Jeep，有的也是在做非常产品化、技术化的路子。比如说奥迪，它必须要走很科技的路子，因为这个跟它德国的工程师文化、工程师技术非常吻合，那么这就要一脉相承，就算进入中国，它也必须要维系这样一个营销模式。

但中国是发展非常快速甚至浮躁的社会，所以产品化和品牌化，包括我们刚才谈到的营销，其实这些模式都在共同走，而且在走的时候，我们都会发现有成功的案例，这个还是要按照自己的企业、自己的目标人群以及自己企业接下去最直接的经济利益的需求去决定。当然我认为，必须要帮凤凰网说一句话，因为一个真正有价值的平台，实际上是能够跟消费者建立更直接、更好的情感联结的，而这对于提升品牌的美誉度，或者提升品牌在消费者心中的重要性是非常关键的。

郝：所以。到底是用物理刺激还是用心灵去建立，这个东西并不是一刀切的，一是要看我们企业所在的阶段；二是你是在做产品，还是在做品牌，即便是在做品牌，可能也有不同的阶段，要采用不同的手段。

刘：比如我有一个客户，它是一个巧克力的品牌，但它进中国的时间非常晚，那么这个巧克力，最旺的档就是圣诞前后，它现在投入有限却要同时做两件事情。第一件事情就是叫卖，因为如果卖不好，很可能直接就撤资了，人家不管了；第二个就是说这个品牌跟其他的一些品牌，跟德芙、费列罗有些不一样，无论是历史，还是品牌故事。

这些的话，如果要能跟凤凰合作做这样一个专题，就是"巧克力的100年"，就可以把它这方面做得很好。同时，我们也要叫卖。

广告代理公司如何选择媒体平台

郝：互联网媒体平台太多了，现在很多广告代理公司都会在营销的时候面临什么样的选择？

肖：其实跟我们刚才说的话题也很有关系，就是说你的品牌到了什么样的阶段。但是我想讲，这里面其实有几层关系。第一层关系就是说，一个媒体平台和消费者之间，它本身也是一种关系，因为消费者经常会去一个媒体，比如说我们刚才说到的凤凰去看。就是说，我认为凤凰网提供给我想要的内容，这种关系是第一层的关系。

第二层的关系是说消费者和品牌之间的关系，比如说我喜欢什么调子的品牌，消费者自己会有一个判断。那么第三层就是我们刚才讨论的这个，广告主或者品牌和媒体之间的关系。那广告主和媒体之间的这个关系首先是在前面两个关系基础之上的关系，这种关系要强调匹配度。因为通常消费者在选择一个品牌的时候，他会看社会认同感。

所谓的社会认同感，就是这个人开什么车，而在大家眼里开这个车的人有什么样的特点，导致他会想我要不要买这个车，这是社会认同感。实际上消费者也会说，在什么样的媒体平台上我愿意去看到这样的品牌。所以特别是发展到越大的企业,会越重视媒体本身的这种品质,希望通过平台本身的气质和特性去传递给跟这个平台匹配的人。

因为这样才能够建立一种牢固的关系。现在互联网平台有很多,消费者获得资讯的习惯已经被碎片化了,消费者往往需要更有深度、更能够打动他、更能够契合他想要的内容的品牌。

在今天这个时代,什么样的东西能够真正和消费者去建立长久的联系?回到本质上,还是内容。比如微电影,其实微电影应该把它看作一种内容,而不是看作一种广告。当我们把微电影看作一种广告的时候,我们的品牌、每一个品牌都会变得很纠结。因为我们在想,到底该把这个产品放在哪个环节?我要不要去说?那如果我们把它当作一个内容的时候,消费者通过内容建立强关系的时候,其实这个问题就已经不再是问题了。

郝:在费用有限的情况下,品牌推广是聚焦单个媒体好,还是聚焦多个媒体好?

徐:我来回答一下这个问题,这个问题可能跟凤凰没有关系,这个是我2009年做的一个案例。因为当时我做了一个品牌叫中粮悦活,因为2008年的金融危机,本来8000万的预算,突然之间变成了3000万。大家都知道,3000万,对于一个新产品的推广是非常困难的。当时客户的高层就有把这个工作停下来的想法,而我们广告公司认为,如果停下来,可能会错过非常好的一个时间段。

这个时间段中国刚刚兴起Lohas(Lifestyles of Health and Sustainability)一种叫有机生活的概念,所以我们当时建议客户,最好去寻找目标人群经常出现、经常接触的一些媒体,所以我们当时选中了一个媒体,都市白领大爱的开心网,因为当时SNS非常非常火爆。我们觉得完全可以通过这样一个平台、一个游戏的平台,让悦活Lohas自然至上的品牌理念在里面呈现出来。

所以我们就选择了悦活Lohas跟开心网去合作,最后我们打造了当年中国,包括今天还有很多人津津乐道的案例,就是全中国都在偷菜种菜。当时真正的媒体费用是150万,最后产生了7000多万的媒体效应。而且悦活这个品牌在短短两个月之内就从零知名度变成了36%的知名度,而参与的人次超过了17亿。150万,创造了一个非常棒的效果。

所以悦活当时能够上市成功。那么这样的一个案例告诉我们要抓到社会的趋势、热点、消费者洞察。当然现在有赖于更多的大数据的研究，那么它可以帮助你的品牌以小博大、四两拨千斤。但是我并不认为这种案例个个都会成功，因为这里有偶然性，也有必然性，这里非常考验在座的很多代理公司、客户本身的智慧以及决断力。假设客户当时否掉这个案子，那么这个案子是不会出现的，也就说偷菜种菜不会风靡中国了。

郝：我们可能先要知道自己要做什么，然后我们再去选择匹配的媒体。

刘：我觉得这个行业里面的例子，我们可以去说很多好玩的东西，比如说不能直接做硬广的像安全套的品牌，像杜蕾斯这样的品牌，它一直是单一媒体在做，它也会取得很好的效果。刚才我们举了无数个整合各种媒体的案例，像吉列剃须刀那样的，也取得了很好的效果，甚至到今天为止还有直接做冠名的，像加多宝这样，还是取得了很好的效果。所以我觉得这个不能一概而论，不是一个绝对是与非的题目，它有适合它的方式。费用有限是经常会面对的问题，但是要针对具体的问题再下具体的药。

广告圈没有铁娘子

金玲
时任凤凰新媒体CMO

吴湘玲
IM2.0集团CMO

郑以萍
阳狮中国区主席兼
首席创意官

郑：我们今天要探讨的是广告圈没有铁娘子。在谈这个话题之前，我先介绍另外两位铁娘子，也说说她们到底是铁娘子还是弱女子。

女性职场精英的工作哲学

吴：我叫Meg，我现在在IM2.0数字营销公司里面任职，我当然不会承认我是铁娘子，我绝对会认为我是一个妩媚的女人。

金：我是凤凰网的金玲，我也不希望做铁娘子，但是我还是比较欣赏铁娘子里边硬朗的那一方面。

郑：其实两位应该在职场上也是经过不断的爬升，那在这个中间有没有你们认为身为一个女人会碰到的一些所谓的心路历程？那是不是每一个人分享个小故事给大家？

吴：因为我年轻时台湾女性的就职环境还是可以的，所以一直都算蛮顺的，但是到了高阶之后我们会发现所需要的技能跟智慧越来越多、越来越多元，包括远见、管理能力等各方面都越来越多元，我才开始感觉到一些差异。

郑：金玲，像你在刚开始进入职场时，会不会人家认为你长得漂亮，就是一个花瓶。

金：会有，这个话题曾经也困扰我很长时间，有的时候你作为一个美女，会被人误解为是花瓶，这个时候你会不自信，你会自卑，在你看来我的能力是不够的，或者是不被人认可的，那你就需要更努力地去被人认可，所以你这种辛苦的背后是希望获得认可。

郑：Meg，可不可以这样讲，身为一个在职场中拼搏的女性，是要掩藏自己的美丽吗？

吴：我有的时候会在女人比较多的会议场合更把自己收敛一点。因为我总觉得好像会刻意地希望自己不要变成那个最醒目或是最尖锐或是最怎么样的女人。可能因为我觉得女人的嫉妒心还是稍微会比较明显一点的。

郑：是，我讲一下我个人的经验。因为我是创意出身的，所以尤其在广告这个场合，那我们就要表现Idea，我记得我以前一个Creative Director（创意总监）跟我说过，他说如果要大型的提案，你要注意你自身不要打扮得太漂亮。为什么？会忽略了你的这个Idea。

那我们再换一个话题，也就是说如果碰到很美丽的客户要去提案的时候，你要怎么样克制又可以表现你自己？那如果说是女性去跟男性的客户做提案，有没有什么不同的一个心理准备？

金：是这样的，我觉得对女性客户，如果对方也很美丽，对我来说倒是一件简单的事情，就是我只需要呈现出来跟她类似的品位就OK了；如果是跟男性客户的话，可能就是你觉得空间会很大，你只需要呈现你自己就OK。

郑：如果是碰到一些国有企业比较难沟通的，或者是稍微年长一点的这种女性的主管，那你会怎么样跟她去做提案？

金：那这种情况你肯定还是要稍微收一点，你要照顾她的感受，因为她所在的环境不允许她装扮得很靓丽，但内心里边不等于没有渴望，你穿得那么光鲜来了，对她就形成了刺激。

吴：我觉得其实女人有一个优势是来自于我们是可伸可屈的，也就是说比方有的时候，我们只要稍微严肃一点或者怎么样，我们可以去展现我们专业的一面。那遇到有一些，比方说年纪比我们大的老大姐或者是老大哥，这时候我们就可以稍微装一下可爱，或者有时候稍微Soft一点。

郑：我自己的经验是这样，在提案的时候，尤其是碰到一个女性客户，我会非常仔细地听她到底在想什么或者在讲什么，或者她的眼神，因为我觉得女性表露感受时，很多时候是用她的眼睛跟她的身体语言。

女高管也有瓶颈吗

郑：好，那我们换一个话题，你们觉得在职场上会碰到所谓的瓶颈吗？

金：实话说，我觉得会感受到瓶颈，第一个是时间不够，因为你要平衡家庭和工作。对于男人来说的话，他如果不管孩子，社会会包容他，作为一个男人外面打拼已经很辛苦了，你不能对他有那么高的要求；但是作为一个女性来说的话，一方面你要管孩子，另外一方面我的父母六十几岁，他们也需要我关注，所以我真的感到时间不够。再一个瓶颈，我觉得就是自己的那种追求自由的声音和这个职业的平衡。因为你做的有些事情可能不是你自己喜欢的，比如说我就不是一个很喜欢应酬的人，你看我是不会喝酒的，但我又带的是广告业务，做了这么多年，那不能喝酒的话对我来说其实是很大的一个瓶颈。

吴：我个人觉得是来自于两个部分。一个是好像有的时候我顾虑到的东西会比某一些男性少，为什么？因为我发现平常大部分的女人，对时事、经济没有那么感兴趣，对吧，可是我们做到一个高位，你要看的方向就不一样了。第二点，我觉得女人大概到了40以后开始自省，但是男人刚好到40岁他们会觉得是一个全新的开始。所以我觉得真正的瓶颈可能是来自于这两块。

郑：我觉得也许是到了像我们这样的资历之后，我们会思考是说What I really want in my life。所以其实对我来说，我觉得Glass Ceiling可能是对我自己，就是我自己真正要什么？这个事情是我要的吗，其实我相信每一分时间你都是想专注的，我每拿一分我就希望是我真正要的，我想Glass Ceiling对我来说就不是问题了。

女高管更注重家庭

郑：我先要问一个非常严肃的问题，如果现在让你选，你会选一个老公还是选一个专业，对你来说现在什么是最重要的？如果时间回到你十七八岁的时候，你觉得选一个老公重要还是选一个事业更重要？

吴：肯定是老公重要，因为如果有一个不够了解你，或是不够支持你的老公，其实老实讲我觉得女人真的很难能够专心在工作上，所以好老公还是比较重要的。我鼓励女人在30岁再结婚，但是30岁结婚之后赶快把小孩生了，我觉得30岁女人往往非常清楚自己适合什么、她想要什么，所以这时候你选择的伴侣会比较是真的能够陪你走完一辈子。

金：我觉得如果现在来讲的话，肯定是老公重要，可是我现在回想我十七八岁的时候，那个时候我可能把事业看得很重，那个时候我就是不懂事的。

女高管择偶标准大揭秘

吴：主要也是美啦，你会不会觉得漂亮的女人比较容易找到好老公。

金：但是我也看到过身边一些漂亮的女孩子误入歧途，傍个大款什么的，因为机会很方便。

郑：那你是怎么样可以事业做得这么好，又可以选到一个好老公的呢？而且好老公到现在还很好。

金：是，我觉得有运气吧，另外的话跟家庭的影响是有关系的。我爸爸其实是提醒过我说不许傍大款。所谓的大款，就是以各种方式发了财吧，但是这些人素质可能不是很高；第二个来说的话就是他们也不会真的珍惜你。这种提点我当时听进去了，我希望我的这个伴侣是能够珍惜我、能够共度一生的，但是我有一个条件要求，这个男人必须得有足够的智慧才可以。

郑：好难。

金：所以当时我选择了我老公是看了两点：第一个是说他读的清华的硕士，在高中三年都是全年级第一名，证明智商是OK的；然后第二点是非常孝顺，我就会听他给他父亲打电话，和母亲打电话，因为很多男孩子对父母是没有耐心的，有什么事，没什么事，没事挂了，就这种。但是他不会，他对他母亲和父亲非常非常有耐心，做得比我都要好，所以当时我是被这两点打动的。

成功的女人背后都有一个智慧的男人

郑：那他是怎么样容忍你当一个女强人的？讲一点小故事好不好？

金：来凤凰的时候因为孩子还小，所以当时我很担心他会不同意，他拿这个来打比方是说你不用担心孩子的成长，有娃不愁长，这句话对我来说是很大的一个支撑，所以我觉得他给了我鼓励。

吴：其实适合像我们这种人的好老公，一定要聪明，他必须要有一定的知识水平，再来是他真的理解、要成就我们。像每次一讲到什么保险箱要放值钱的东西，他说那不行，这保险箱太小，我老婆放不进去，因为我老婆是我们家最值钱的，因为他会很骄傲地觉得他的老婆是他最宝贵的财富。我觉得这是很重要的一件事，支持然后愿意成就，我觉得这个东西其实是成为像我们这种类型女人的老公很重要的一个要素。

女高管如何平衡工作与家庭

郑：那我不知道金玲跟小孩的时间上面自己觉得有没有什么遗憾，或者是说有什么你觉得你可以在未来多陪伴他的，怎么样可以在工作跟家庭之间保持一个Balance？

金：肯定是有，因为我前面也说时间不够。我的方法第一个就是用好周末的时间，提高跟他相处的质量，而且我周末的时候一般不会打扰下属，因为你感同身受。另外的话我觉得就是他上了小学之后，你会觉得对他的教育很重要，所以我现在的办法就是周一到周五我抽一天要早回家，然后为了能够照顾他，定过一个铁律，不管有什么事，他一旦生病我一定得陪。

吴：所以我后来就不管怎么样，只要是可以陪伴我女儿的时间，再重要的会议我都会把它排掉，因为在我的生命里面我不会记得哪一个比稿赢了，或者哪一个提案又怎么样，但是我会记得我曾经跟我女儿有一段美好的记忆。所以这也是我们的下一个话题，就是说如果在家庭的角色里面，你要来选择工作跟家庭，你会怎么选择？

金：可能是不同的时间阶段。在年轻的时候的确你可能要回报社会更多一点，但是原本来说的话每个人都会有一个使命，就是如果你回报了社会之后，满足了你作为一个生命本身的那种成就感。之后的话你可能会觉得家庭很重要，因为你看着父母年迈、孩子需要你的教育，那么这个时候你可能会选择平衡家庭更多一点。

而且这个时候你经验更丰富了，看问题会更敏锐，所以你的效率本身是提升的，所以你才会有那种淡定，所以你才会有时间和精力能够兼顾家庭。在那之前可能你是疲于奔命的，就是很多事情你会搞得很没有效率，可能会跑错路。

郑： 我自己的经验就是网路时代有给我们非常多的方便，我们透过网络其实也把我们之间对于他们的很多思想，通过网络视频可以呈现，那我不知道这方面你们是不是可以分享一下。就是网络时代来了，我们怎么样透过新的网络，有新的这个亲子关系或新的家庭关系？Meg先讲一下。

吴：我爸爸90了，他现在会用LINE，会用QQ，还会偷看我在Facebook上干吗。他自己有的时候跟我们出去玩，或者一起去吃饭不是会拍照嘛，然后他就会Po在Facebook上，给大家讲。其实大家都不晓得我爸爸，我对于电脑、计算机的认识，其实是从我爸开始的。

金：有一次，我姑姑说大哥你现在幸福，跟女儿在一起，一家人天伦之乐什么的，然后我爸爸就说，哎，说什么呢，她没有空搭理我，回来的时候都已经十点了，我来了3个月了，还没有跟我聊过天。所以我就得定期地跟他有一点交流，要不然他会感觉很失落，这个家就没有人理我。

郑： 那我们现在回到营销跟品牌，我觉得金玲你是一个品牌，Meg你也是个品牌，那讲讲金玲这个品牌好不好？

金：我对自己是有设计，但是后来发现同事和朋友对我的认知，跟我自己的认知完全不一样。有一次年会的时候，我就突发奇想说我背对大家，大伙儿如果觉得我善于沟通可以举个手，结果哄堂大笑，其实没有几个人举手，几百人的会场。当时我意识到我工作中和生活中是不同的。可能我刻意地会在工作中让自己严肃起来，我希望这件事情对方能够注意到，但是有可能这种严肃是过了的，就是给他们这种压力，本身是不应该的。

职业女性的心态转变

金：我刚来凤凰的时候，我觉得凤凰高大上，你可能形象上也要满足凤凰本身的定位的要求。刚开始你会穿很多正装，小裙子都已经到了膝盖上面的我很少穿，那个时候穿的就是实话说很老气，就穿那个灰色的衣服。希望客人见到我的时候会觉得能够跟你谈事情嘛，因为觉得一小女孩来了，我怎么跟你谈，还战略合作？！对吧。后来我就发现自己过高地估计了自己的年龄，其实我没有那么年轻，你正常表现就已经是OK了，三十几岁了还要扮成熟的话，就以为是大妈了嘛。所以之后的话才能够说意识到，过了两年时间吧，还是经过人家提醒，说你怎么穿得那么老气，挺显岁数大的，我说是吗。

吴：我觉得我自己蛮多面，因为其实职场训练了我们在什么时候说什么话、做什么样的事、扮演什么样的人。但是偶尔我觉得我自己还是敢讲一点，还是挺真性情的，尤其是我觉得过了40之后，我自己真的有的时候，突然之间有一种自信了，那种自信就开始觉得好像自己可以开始做真正的自己，就是我想笑的时候就笑，我觉得不认同的时候我会开始比较表达自己的意见。

那些影响了女性精英的品牌

郑：我希望我自己会比较，就具象来讲，就像一杯咖啡，就是喝起来有点苦，但是至少在朋友的眼中，或者是事业伙伴的眼中会回甘，有一点点提神，也是一点点激发型。如果可以做到这样，我会觉得是很值得的。那回来我们对于品牌就更深入了，我们现在不谈自己，我们谈你们自己本身喜欢什么品牌？哪一个品牌真正也激发你？

吴：其实我是因为刚好前阵子接触一个客户，他在美国是一个最大的彩笔、蜡笔品牌，叫Crayola(绘儿乐)。然后我去了解他的产品跟最原始的设计理念之后，我就有被震撼到，就说这么小的一样东西，它可以延伸出这么多的使命。比方说他们做的这个产品是可以吃的，为什么？因为小朋友，这个很容易画画，抓在手上，就是特别容易。所以他们会很注意那个产品的安全性。还有他们在研发很多产品的时候，我发现他们很关心什么？关心母亲，比方说可不可以擦洗。再有一个就是他不停地在研发很多的产品，是在干吗？是让小孩子在最小的时候，从一岁开始抓笔画东西开始，一直到后面的这些产品，都在不停地启发小朋友的自我创造力。我就很喜欢他里面有个产品，他可以自己去调属于自己的颜色。比方说我自己根据一些方法去调，调出一支彩笔，这支彩笔的颜色只有我Meg有，所以我把它命名为Meg，比说Meg红。虽然我没有小孩，但是我一直不停地思考在做Marketing或者在卖产品的时候对社会的贡献。小朋友他代表的是未来，那启发小孩子的创造力，这种一系列的东西，都非常有意义。我在接触这个品牌设计的理念的时候，赫然地开始会对这个世界充满希望。

郑：童心。

吴：对，我开始觉得说未来的小孩如果可以在这样的一个环境里面长大，他应该会快乐了吧，他未来的世界应该是彩色的吧。

金：这个品牌我被它的品牌精神所感动，就是香奈儿。她是一个很普通的女孩子，靠着天赋和勤奋，最后打造出了一个经典品牌。那个时代所有人的衣服都是非常复杂的，她率先有勇气提出来简化，她开始穿得比较中性。因为我还是力求简单，我在微信上有一个座右铭就是"你简单，世界也简单"。而且那种一切就是返璞归真、从简的勇气，让这个品牌有了灵魂。企业在做产品和品牌的时候，如果没有品牌精神，没有品牌的内涵在里头的话，我觉得你也很难走得长远。

郑：就像你刚刚讲的这个简单，其实不只是简单，因为简单是来自于说你在多元世界非常复杂，但是你用一个简单的方式来表达，其实这也是相当的一种成熟。

给初入职场的女生的建议

郑：那我想给现在刚入职场的女生一些经验和建议好不好？

金：两句话吧。我觉得第一句话是说，什么时间段做什么时间段的事情，就是在你上大学的时候一定要谈一场恋爱，而且一定要好好学习。在你上班之后的话，一定要珍惜第一份工作。在你30岁之前，我也蛮建议你要结婚。第二句话就是一定要听你内心的一个声音：到底要的是什么？

吴：要做一个聪明的女人或是一个有智慧的女人，我们在年轻的时候常常会过于高估自己，所以找到自己很重要、很难，但是要一直持续下去。另外就是女人要一直不断地补充自己的智慧，我很建议每一个女人要有一个所谓的嗜好，这个不管是骨针绣花、刺绣啦或者什么都可以，从小开始培养。

郑：其实我会建议刚入职场的这些女性，一定要交到好朋友，因为朋友让你变得更大。第二个你要找一个好伴侣，那个时候就要开始找一个好伴侣。然后第三个才是展现你自己，展现你自己自然的一面，犯错也没有关系。

广告圈的忠与义

姚俊
地幔集团联合创始人

陶为民
安瑞索思首席创意官

孙蕊丽
时任凤凰网全国营销中心
品牌总监

孙：如何看待广告圈的人才流失问题，这个圈子里是否依旧存在忠义之说？

陶：OK。忠义我们更早是从看《水浒传》开始的。其实大家可能把广告圈看成一个江湖。我觉得，不管什么年代，忠义在每一个做广告的人心里面都有自己的一杆秤，每个人都有自己的一个尺度。

组织文化Match个人规划，更容易产生"忠义"

姚：忠义其实不分行业，各个行业都需要有对公司忠心耿耿的这一批人存在，公司才有机会茁壮发展。当然忠义这件事也得分几个层面来看。第一，公司是否为你创造了能够让你忠于这家公司的条件跟土壤，我觉得这个很重要。忠义背后其实有一个所谓的Trust，有一个互相信任、彼此信任的机制在里面。如果缺少这样的机制，我觉得忠义也无从谈起。第二个呢，得看公司的文化，包括你个人的一些习惯，是否能够互相Match。你光有一片赤胆、忠心，但是如果跟公司的一些文化格格不入，你也无法跟上整个市场的发展、整个团队的变化。

孙：了解。其实两位刚刚都提到了一个关键词，就是公司，它是一个组织。像小说里面谈到忠义的话，可能是对于一个人，这个人首先对他有知遇之恩。但是您刚刚所说到的，这个事情已经变成一个组织的行为，大家是对一个公司来尽忠，或者说对于一个公司的文化看是否相容。那我想分成两个部分。第一个部分，在您的人生当中有没有真正地遇到过一个非常想要留下的人才？另外一个话题，您觉得当这个主体发生变化以后，那是否还需要这种人性的关怀？像师傅带徒弟，老辈的广告人会说我的师傅是谁，会有跟大佬的感觉，但是现在没有了。在这种新的组织形态下面，您觉得一个公司应该怎么样才能够真正笼络住或者说留住一个人的心？

陶：每一个公司只要它有品牌文化，自己有一个价值观的追求的话，只要你认同公司的品牌价值，以及它跟你个人未来成长的一个职业规划有一定的Match的话，我想不管是刚刚入行的人，还是说跟这个公司共同成长的一个员工，他都会有一个对于这家公司的长期的或者一个阶段的认同和追随。这个过程当中我自身也经历过这样的事情。我当时所在的JWT，它已经成长为上海本土一个非常有规模，而且有很多非常有实力的客户的一家公司。北京的一个ECD找到我，看上去才十几个人的一家上海的分公司，当时叫达彼思。找我的这个人是我非常喜欢的一个创意人、前辈，林桂枝。我自己差不多二十多年的广告经历里面，可能有将近十年的时间是跟一家公司一起成长起来的。这个过程当中有很多的甘苦，一个是可能通过自己的创意跟团队共同的合作，能够拿到新的品牌的客户，为他创造出大家对品牌的认同，获得一些奖项等等。你会觉得个人的职业生涯是跟一家公司的成长共同联系在一起的。所以这方面我觉得也培养了一个人对一家公司的所谓忠义的这种心理感受。

挑人才靠感觉，就像谈恋爱

孙： 您挑选人才有哪几方面的考量？

姚： 可能在我分管的这个领域里面小到一个出纳我也会面试。我第一看面相，说出来有点笑话，但我非常相信这一点。所谓的面相，不是今天我搞封建迷信或者说看风水，是看他面善不善。第二个，看你的言谈举止，你是否有足够的自信，在你面试的时候，是否能够把你的一些能量，把你的一些能力、一些经验在可能半个小时的面试过程中有条有理地展现出来。

孙： 这是看表达？有点那种感觉。

姚： 就看表达、言谈举止。第三，会看履历，包括你之前的经验跟我所招的这个岗位是否匹配，我也不是说一定匹配我才招，我觉得更多的我是看这个人。可能有时候我明知道我是要招这么一个类型的人，我对这个岗位的定义非常清楚，但是真招的时候我可能会偏离，我只能说这种第六感或者这种潜在给到我的这种感觉：你就是我招的这个人。但是无论怎么说，面试半个小时或者15分钟，你不可能对他有充分的了解，就像你谈恋爱一样的道理。感觉不对，没关系，你还有6个月的试用期。

陶： 是，我觉得从我个人情况来讲，可能姚总是讲他看面相，其实创意也一样。

毕竟广告创意来说，它是一个Team Work，就是个人在整个团队里面他所起到的作用、对这个作品的影响，可能从现有的这个作品上是挺难去综合作一个判断的，更多的是在互相交流当中、沟通当中去判断这个人。比如说你需要一个CD，那么他的Leadership的能力不光是个人想创意的能力，包括激发下面的人，点燃大家。他应该是一个创意的发动机，而不是身先士卒，一直自己闷着脑门子想创意。这个能力上的一些特点的判断标准，会因为这个阶段的不同而有所不同。

孙：所以也是看感觉的，听起来。

姚：除了看你的感觉面相以外，我会问他很多的问题，并不是说一定有一个标准答案，只是看你如何来回答我这个问题，是否有你自己的理解，哪怕你的理解是错的，只要言之有理，能推翻导师的观念，都没问题。

听话的员工真的讨老板喜欢吗

孙：这里面其实有一个争论，两位给我的感觉都是偏向有想法的人，但是很多时候尤其是广告公司压力那么大，有时候听话的人会不会让团队可以更平稳地运行？

姚：看怎么来说"听话"。

孙：就是加班，各种，就是听话，比较没有怨言。

姚：我们从来不鼓励员工加班。看他是否把这份工作真的是当成自己的事业来看待。在这个过程中，从制度上我们也会是比较有弹性的，我觉得每个人如果能够自觉，能够把这份工作当作自己的事业，能够把手头做的这个项目当成自己的项目的话，其实工作时间对他们来说已经不是那么重要了。

孙：所以Ken这个问题难度看来要升级一下。那两个答案：一个是客户改30遍我都会笑着，不会有怨言；另一个是，我可以很快地给你5个想法。这两种您更喜欢哪种人？

陶：我觉得在做选择题之前，我先回答你刚才那个问题。就是所谓听话的人是不是在团队里面、生活里面或者在客户里面比较容易得到褒奖？我觉得我会把这个词改变一下，应该说"懂事的人"。不管是这个Team Leader或者是客户，可能都会有一些错误的判断跟建议，有的时候你如果盲从客户的要求，其实心累、体力也累。懂事，是说你要懂得这个问题的症结在哪里，这个Project的重要性在哪里；然后呢，团队的极限在哪里。因为这些事情其实作为一个Team Leader来讲，这个判断力是非常重要的，就是你要懂事，懂得怎么样在这么短的时间里面作出判断。可能有时候客户也是一种不自信，或者来自于他老板的压力，那么这个地方你也要懂他所在的位置跟他提出这种不合理要求之间的关系，动因在哪里？

你只要把这个动因能够适度地帮他解决，或者真正帮助顺利地进展，这个比盲目地听话要来得更有意义一些。还有，回到你本身又是这个团队的一个重要成员，如果说你只是在这个时间点上去听话了，可能带来的是团队对你的失望跟信息的丧失，其实也是一种得不偿失的决定跟反应。所以我觉得对于这两个Point来讲，我觉得懂事更重要，而不是盲目地听话。

姚：从价值来说，肯定是后者。因为其实5个想法可能足够了，就算他没有按要求改30遍，就已经把问题解决了。如果让我选，这两种人可能我都选。我既需要老黄牛型的，也需要非常有想法的。其实我们服务的客户要求会不一样。你可能会碰到需要你不断去改的客户，因为客户都不知道他自己到底要什么。

陶：我觉得可能就是大家各自的出发点不一样。如果说30遍你都愿意改，一方面体现出客户服务的一种态度，是非常尽心尽力的；但同时是不是你自己对自己的创意跟想法的信心也在不断因为他的要求而节节败退？

孙：就是说本来你自己其实也不是很自信，所以你才愿意改。

陶：所以客户有时候他更希望看到你对自己想法的一个坚持，那种坚持可能有一个度，所以我刚才强调要懂事。

姚：因为Ken是Creative出身的，我是做Media出身的。那么假设说前面这个问题是问 Creative，那我觉得如果选择的话，理所当然我选择后者。我是 Media 出身，那为什么这两种人都要，因为你通常会发现一张排期，你别说改个 30 遍了，你改个 50 遍都很有可能。因为这中间的因素不受控，可能因为媒体的点我也排满了，你得重新排点位，可能你的资源要重新打包，可能各种各样的原因导致你的排期不断在更改。你越是往后改，你本来想定的资源越可能被人家占掉，你又得不断再调整它的点。所以媒介排期上调整个 30 遍甚至 100 遍都不为过。

孙：其实这两种改是完全不同性质的。因为 Creative 的改是完全出自于客户需求的变化，而您那边是本身产品的变化。

广告紧缺人才：懂事的和靠谱的

孙：我们进入到一个话题，是做老板的人、做高层的人经常会头疼的问题：现在很缺人才，非常给力、好用的人，那两位现在有这个问题吗？

姚：有啊，我觉得这个是行业通病。但是有时候反正乐观点想，这也不是我们一家公司的问题。

陶：其实我觉得缺人是一个常态，特别是现在互联网广告这个领域，如日中天，然后发展非常迅猛。刚才讲一个是懂事的，还有一个我觉得就是靠谱的人。一个就是说能够真正让这个机器运转得更良好、更快速，把一些好的创意、更新鲜的创意涌现出来的这种激励，本身这个机制的产生也需要新的人加入，因为如果老是一个团队上，就是这几个铆钉在那里运转，那它不光是给客户一种审美疲劳，本身客户内部、团队内部自身的运转，可能也会呈现一种疲态。所以阶段性地有一些新鲜的人加入，创意人才也好，不管是小朋友还是 Leader，它对于整个机体来说是一个非常健康的现象。

企业留人招数大解析

孙：如果说大家真的觉得这是一个行业不可避免的状态，人才的环境就是这

样。**怎样在这样的状态下保证公司更好地运营，这应该是老板的责任才对。**

姚：这点我觉得我是非常愿意招应届毕业生的，愿意让他们轮岗去感受公司的文化，感受这个行业的发展。打造一个学习的组织，多培养一些复合型的人才，也会给到适当的一些激励。所以说留人无非就是他自己感觉发展空间依旧存在，自己的职业生涯不会陷入瓶颈，公司有一个比较好的良性的激励措施在他那儿，而且他在公司能够学到很多东西，他就不会走。

陶：我也比较会多花一点时间去建立刚才姚总讲的，就是跟公司商量怎么样去建设一个公司内部的培训体系，因为每家公司每一个个体他有一个职业生涯的规划，以及他们个人专业上，对他们有一个远景规划的培训体系，自己现在也比较多地会花一些时间去思考这些问题，包括做一些实际上对他们有帮助的事情。另外一个，就是公司的未来对于他们的价值体现达到最大化的一个布局，其实这对培养个体的忠诚度也是非常重要的。

靠钱留人的企业不长久

孙：**但是Ken，我不需要培训，我需要钱给够就好了。留人最好的方法就是把钱给够，为什么很多时候大家没有这么做？**

姚：我觉得钱是一个杠杆，真要走，给够他也走，而且你能一直这么给够吗？每家公司都有它的薪酬体系，那么你不仅在惯养不好的习惯、陋习，甚至你还在破坏生态平衡，你为行业的良性发展起了一个非常不好的带头作用。我觉得在业内太多这样的案例了。比如说动不动就是Double、Triple，都有。为什么呢？可能投资方要求他短期内把某一件事情做到什么程度，那么在这种情况下他大量需要行业人才，他如果不拿高薪挖人他是找不到人的。这种行为能理解，但是一家良性发展的公司，如果完全靠钱来留人，我觉得这家公司走不远、走不长，始终会有一个比你出钱出得更加狠的人，把你的人全部招走。

孙：**Ken，在这个地方你有两个角色：第一，老板有没有真的打动到你的心，可以不用钱来留住你；然后另外一个，您对底下的小朋友……**

陶：一旦处在这样一个角色，我们都会碰到这样的场合出现。就是说有一天一个同事，不管是小朋友还是某一个非常重要岗位的同事，他在你面前说我想离开，但是他肯定会说，我不光是为了钱，钱很重要，通常不会有人说我完全是因为钱。那这种情况下你Take的这个角色就得评估，他所说的不光是为了钱，钱之外的那些东西你能不能创造一个承诺给到他，或者包括钱之内？我个人的体会是说，不要轻易承诺，承诺了就一定要做到。对于我的上级、我的老板，我希望也是这样的，就是你不要轻易承诺。刚才姚总所说的期权等等，描绘了一个非常灿烂的前景，你可能短期内把他留住了，但是如果实现不了这个承诺，你在他心目中人品就有问题了。

孙：所以姚总您的这些美好的前景描绘，是在下勾子呢？

姚：NO，对我来说但凡我做这个Promise，就一定是做得到。至于未来期权值多少钱，是靠大家做出来的。如果这个梦只是老板个人的梦，那么这家公司也就永远没有未来。

决定跳槽的理由

孙：Ken，作为一个职业的经理人，您未来什么时候会选择跳槽？

陶：不是轻易下这个承诺的老板出现在你面前的时候。

姚：我暂时不存在跳槽这个问题。

孙：什么时候您会让您最核心的人走人？

姚：OK，我可以回答，在我的价值观跟公司不匹配的时候，或者我觉得我的能力已经跟不上公司发展的节奏，或者我在公司发展过程中遭遇瓶颈了，其实那个时候走，你说跳槽怎么也好，可能对于我们来说是转换一个角色。那么在什么前提下我会让我下面的人走呢？

孙：核心团队，核心的人。

姚：是，如果大家共同的目标、既定的目标，你不认同了；在这个迅速的发展过程中，你跟不上队了；那么第三种呢，道德发生问题的人，但凡你暴露了，那对不起，那就是你走的时候。

孙：所以即使是公司的 Top Sales，除去他拿的黑钱之外，还是给公司赚钱最多，也会？

姚：这是我们的底线，是不能被接受的。所以说这就是所谓的一个德跟才，当然德才兼备最好。如果说只有德跟才让我选，我率先选的是德。因为这么一个人，影响了整个公司的文化，你会影响到你的上面、下面、左边、右边，这是零容忍的一个问题，不用商量的问题。

初入职场的忠告

孙：最后请两位每人给年轻人一句职场忠告。

姚：第一，不要眼高手低，无论今天你是北大、清华的，还是一些二三流学校出来的毕业生，到了一个陌生环境、一个新的行业，你们起步都是一样的。所以说不要眼高手低。

第二呢，要更加快速地融入社会，要有适应社会变革发展这样一个心态。这也非常重要。那么第三个呢，不要贪眼前的利益，眼光放得更加远一点。第四个，我给他们的建议是，始终拿这份工资，但是要做你上一级这份工作的事情，去担你上一级这份工资对等的职责，这样的话你的发展才会更加迅速。

陶：我更多面对的是一些刚刚踏入职场的创意新人。我觉得这个行业是这样，用咱们刚才交流到的几个关键词来说，一个就是"相信"。就是如果你相信这个团队，相信这个公司的目标，那咱们就走到一起，然后走到一起的话那就懂事一点，懂事。懂事之后，你要有 Action，咱们就做出靠谱的东西，相信懂事、靠谱，就是一个好的创意人。

内幕篇

外籍广告人在中国水土不服吗

朱耀亮

盛世长城P&G区域创意总监

洪永慧

Alchomy Asia 中国区
董事总经理

梁伟丰

BBDO Proximity 大中华区
执行创意总监

梁：我是来自BBDO的Leong，请说一下，当初是什么情况让你们来到中国做广告？

洪：是差异吧。因为中国够大，能接受一定的差异，多元化、多样化，你可以看到很多不同的东西。

朱：本来是先到台湾做了一年，他们就说，要不要搬到上海？那时候我就觉得，简体跟繁体有很大的差别，因为你连自己的名字都不会讲，在台湾都是用繁体。到了上海我觉得是一个很好的机会了，这个不是我安排的。

梁：好的，所以也是因为一个好奇心。换句话说，其实洪永慧的原因是因为在中国说共同语言，可是有一些很新奇、很未知的情况。而您是在这边，因为也没有在中国工作过，所以两位都是因为好奇心而过来中国的？

朱：对。

梁：那我想请问一下，刚刚开始的三个月或者是半年内，有没有发生过一些你觉得回想起来很好笑的事情？

洪：我记得在很久以前，在武汉见到一个客户请客。然后他点了一个餐，我觉得我真的被难倒了。他这个餐还没拿进来的时候，你远远就闻到了脚的味道。

梁：脚的味道？

洪：对，好像有一些人的脚没有洗，然后献到桌子上呢，其实是甲鱼跟蛇，两个放在一起的话，是非常隆重的宴请客户的方式。可是当时因为他献出来的时候，你看得到那个爪，是非常考验我的。

梁：您吃了吗？

洪：可我还是要吃的。当时我还带了一群人去，然后他还讲先把掌给你，然后给了我之后，我就嗯。趁他没有看见，我就立刻给了我的同事，然后我就这样鄙视他说，你一定要吃，不然回去要你好看，他真的把它吃掉了。

外籍广告人如何了解中国文化

梁：身为广告人，很需要本土的洞察，还有本土的消费者的行为模式。对你们两位外籍广告人来说，在这一方面你是如何弥补的？如何让自己多了解这一边的人的行为？比如说洪永慧，我们永远Lady First。

洪：我觉得"弥补"这个词不是很好，我的中文不是很好，不是想改你的中文。刚才你说得很好，就是我们两个、三个人都是因好奇心来到这里的，本身是广告人，好奇心是不变的，也就是说非常开放式地、非常好奇地去接纳这个东西，而不是去弥补。因为弥补就感觉好像你要设法改变这些东西，来接近你自己可以理解的。

所以，我还是回到吃的那部分，因为来到中国的时候，我们都学了很多东西，毕竟这是一个民以食为天的国家，在餐桌上我交了很多朋友，在餐桌上我也更加了解了中国深奥的文化底蕴，因为这是最容易学的。你叫我拿一本书来看，我觉得是不可能的，我读到明天都还没读到一页。可是我就觉得在桌面上一起喝酒、谈话的时候，你就已经了解了很多人不同的一个生活，他的生活的典故，他的生活的价值观，还有他的其他一些东西。然后怎么样举杯、怎么样吃饭、我们点什么菜，你对这个菜的来源都会更加深深地了解。所以我可能没有带着什么弥补的感觉，而是非常放开眼地去吸收。

梁：好的，那我们如何去做功课，让自己比较快地去了解？洪永慧你是直接从民以食为天，你是从餐桌上来看他们谈话的内容。那朱耀亮呢？

朱：我不会读中文，不会写中文，所以我不能读书来了解，只能依靠跟中国朋友一起出去，借喝酒吃饭才能来了解。

梁：所以换句话说，你们两位基本上都是想先通过他们的生活中最重的一块，就是饮食文化，尝试来了解他们。

洪：我看现在最积极的、最快的就是微信。你看到微信上每一次谁发了什么东西，你也看到了很多的那个中国文化的风采、人生的风采、人家在谈什么。

外籍广告人如何与本土同事沟通

梁：因为我知道像你们两位来到中国的时候，都是在广告公司里面做领导层的。所以换句话说，你们会有很多同事，甚至会有很多组员，那在每一天的交涉中，每一天与同事沟通上，会不会有一些文化冲突呢？或者有一些不了解之类的事情，会有吗？

洪：可能是本人的一个心态也好，或者是可能对工作效率的价值观不一样，现在中国市场大，发展速度又快，可有些人交功课的时候，他很喜欢说这么辛苦干什么，60%—70%交功课不就得了嘛，可是你跟他说不行，我就是要拿到100%。这个可能是非常强大的一个对比。

梁：不过说句实话，必须公平一点，譬如说我来自新加坡，那边的广告公司还是会有一些组员说，老大这样就可以了。我觉得那种只是随便交差的，其实哪个国家都有。

洪：那是肯定的，可是我觉得如果你是在中国，像刚才我说的，在中国的市场，因为整个世界在中国，中国的比例是占那么大，她的发展速度是别的国家没有的。这样的情况下，就要更加努力。

梁：了解，因为其实比如说在一些别的国家，市场也那么大，他再努力的话，也就是这么一小碗。可是中国的确现在竞争越来越大，而且机会也越来越多，这个时候如果不努力，你那个饭碗就给别人拿了。那朱耀亮呢，在中国，你怎么样和你的组员沟通呢？

朱：我觉得虽然我从新加坡过来，可好处是我们还是华人，看起来还是中国人，所以我觉得在我们的环境里面，人家还会很容易接受，因为可以融入进去。我因为做创意工作很少出去，只有机会跟同事沟通，我所有学到的中国的东西是从我这些同事这里。同时，他们也是很有兴趣了解我们的文化，所以我觉得是个互相的交流。

梁：那会不会有一些同事，他可能给你的一些案例里面引经据典，比如说根据

《论语》的一个俗语，或者是说用《孙子兵法》之类的，可是你觉得完全不懂，这个时候你会碰到这种情况吗？

朱：我觉得我是很幸福了，我一起合作的这些人都了解我中文不太好，但是来到中国第一天到现在，每天都是在学一些新的东西。

外籍广告人能否服务好本土客户

梁：那对外在跟一些客户接触的时候，尤其是本土客户，有没有造成你们的一些困扰？

洪：我觉得客户找上来都已经知道这是4A公司，那4A公司里面当然是大都市、大都会的一个文化，他要的就是一个国际性的想法，然后可以穿插非常浓的对中国的这个洞察。

梁：了解。我自己本身刚过来的时候就碰到一个现象，我那时候去服务一个本土客户，他就说，你不是中国人，不了解我们，你怎么可以为我服务呢？我要的是中国人，所以那时候我只好说XX总，给我一个月的时间，你可以看我了解有多深，我的洞察功课做得好不好。甚至那时候我还跟他说，只要我在会议里面说了一句英语，不管是Yes or No的话，直接就把我给Fire掉，所以我就是要做得更加努力。

外籍广告人更需要与本土团队协作

朱：我觉得我要幸运一点，我是创意，可以在后面想这些大的Idea，去提案的时候我们会派一些我觉得跟他们比较有共鸣的人去做。

洪：我们广告业其实是个非常注重团队协作的服务行业，每个人在这个团队里扮演了不同的角色，才给予这个客户一个完整的服务。不管是中国客户或是外籍客户，他也会说同样的问题，你会了解我的国家吗？我自己在面对中国客户的时候，我是要回家背我那些词的。因为我们都是做广告的，传播在我们的能力上面是要显示出来的。

梁：所以也不是来忽悠的，你要做好一个提案，不管是什么情况，自己的功课还是要做好的。

洪：对对对。比如说刚才，我讲一些差异的故事，它是从历史、从文化演变出来的。所以在这么深奥的一个文化里面，如果你在这个地方都没有这种尊重的话，我觉得在中国是没办法立足说做很好的广告。好奇心是有的，可是除了好奇心，你不接纳、利用这里的文化，那我们是没有办法领导，去做出一些我们觉得是为这个国家做出的广告。

外籍广告人拿高薪公平吗

梁：接下来我想问一个比较敏感一点的话题，外籍广告人来到中国的时候，薪酬或者职位相对比本土的广告人高，你们觉得这个公平吗？

洪：我要说的就是每一个国家都是一样的。我是1993年来的，当时所谓的国际品牌都是来自西方的，可是2000年之后你来到中国的时候，国际品牌不一定来自西方，而是来自亚洲，你看三星的成功，所以先有这个氛围。

第二个至少我选择人的时候，应该是根据人的体验、他的经历，而不是他的国籍。身为领导层，我不会选择一个完全没有国际体验的人来中国，他会严重地水土不服。

所以我们选的人都要有牛仔这种感觉，因为很多东西中国有，很多东西中国也没有，所以如果他觉得中国这个没有、那个没有，我没法做，那就不能来了。我觉得他看过这些，同时做过大牌，然后一些思路考核通过，就有理由多给钱。

朱：我觉得我们不会先去看他是从马来、美国或是从中国来，我们只是从一个创意的部分，看他Idea好吗、他赢过奖吗、他语言沟通怎么样。如果两个外籍人都一模一样，一个是中国，一个是新加坡，我肯定请那个中国的。因为他很了解自己国家，现在中国人的创意是越来越高了，我觉得应该公平一下。

梁：我觉得两位都是比较公正、比较委婉的，我这个人就比较直接。这本来就不公平，为什么会有这种不公平的现象呢？那是因为大家都觉得外来的和尚会念经，而事实上这种不公平的态度不只在中国出现，其实每一个国家的各行各业都会有这种所谓的外籍人士。

在刚开始的时候，那个国家一开放，要引进外籍人士的时候，都会经过不公平的时期，就是外来的和尚会念经。只要你的护照是非本土的，都多加5000至8000，的确是不公平的。可是我也很认可刚才两位所说的，这几年中国本土的广告业里面的人才发展得非常快，他们开始把这个所谓的不公平的现象慢慢调整回公平的现象。

什么叫公平的现象呢？其实不管你是外来的还是本土的，在各行各业，其实都有"混"和"做实事"的人。不管他们海归的也好，还是从网络上去知道世界也好，中国本土人才已经开始越来越有世界观，这个时候想要混的话，是越来越难了。

洪：那你来的时候，你觉得你的工资是公平的吗？

梁：绝对不公平，因为我本身就是这不公平合约里面的受惠者，而当我沾沾自喜的时候却发现，如果这个所谓的不公平待遇没有办法去调整的话，到最后我就会待在一帮从别的国家进来的雇佣军里，尝试要在中国做广告，到最后死的将会是将军。所以从2005年到现在，我就一直在调整自己公司里面的一些不管是外籍人士跟本土人士的比例，不管是说谁做大的，然后谁是领军的，包括他们的薪酬，已经开始越来越接近。

为什么说越来越接近？那是因为的确外来人士在汇率，比如说我们给的税收，跟本土的那些四金三金会有一点不同，所以我希望公平一点点。

朱：对，我觉得你现在走到每一个广告公司里面，你会看到那个环境里面，可能老外的脸越来越少了，可能9年前你会看到客户部有很多老外，连创意也有很多老外。现在只是一些头儿可能还是外国人，像ECD这样。以前CD里面也有很多马来西亚、新加坡的，现在我很高兴看到很多CD都是本土人士。

梁：不只广告圈，如果你看一下甲方，就是客户方的话，我们刚刚的时候，碰到的所有品牌，大的比如说市场总监都是所谓的外籍人士，可是我现在看到越来越多的本土业界人士做了国际品牌的中国市场总监，真的是一个蛮好的一个方式。

最后我想问两位一下，因为两位其实来到中国之前，我知道，比如说洪永慧，你之前在伦敦、在纽约都工作过；那像朱耀亮，你也在别的国家工作过。我想请问，在那些国家的外籍人士多吗？

洪：当时我在的那个广告公司本身是做一些国际品牌的，因为国际品牌，像当时伦敦也好、纽约也好，它们都是带着一个大的品牌往全球跑的，你能看到很多外籍的人。

梁：可是当你说外籍，比如说在英美的外籍人士，你指的是比如说亚洲，还是……

洪：伦敦当时可能是做的整个欧洲，欧洲是很大片的一个市场。哪怕是在北美，其实北美也至少有三个国家，有加拿大、有美国、有墨西哥，单单讲美国，虽然它没有像欧洲这样万花筒一样，可是它所谓的西班牙裔或者非裔美国人，这些人的氛围也是蛮重要的，虽然很少。可是他们在聘请人的时候不会有歧视。

朱：我是希望鼓励中国同事多学点英文，为什么每次要老外过来，为什么他们不能出去？

梁：其实你这个点说得蛮好的，不管是新、马，甚至像菲律宾、日本等等别的国家，我都发现一个现象，尤其在广告业，当它在成长阶段的时候，通常外籍人士会非常多；可是当它越来越成熟的时候，外籍人士并不是全部都会在，是那些真的在当地好好做而且做出一番成绩的外籍人士就会变成其中一个本土的人士。

所以，所谓的外籍广告人是否会水土不服呢？我们的感觉是这样的：其实不管在哪一行、哪一业，都有实干也有在混的人。我们只希望说，中国广告界的同仁们、前辈们、同事们，给我们外籍人士一些小小的机会、一些小小的时间，让我们去把这个水土不服给克服了，也让你们好好看一下谁是混的、谁是实干的。

广告大佬是怎样炼成的

劳双恩
JWT亚太区创意委员会主席

莫康孙
麦肯光明有限公司董事长

梁伟丰
BBDO Proximity 大中华区执行创意总监

梁：我是来自BBDO的梁伟丰。在80年代初期，香港的黑社会电影非常风靡的时候，我看过一部电影，里面有一句非常经典的台词叫"打到最后还站着的就是大佬"。那像大家所知道的广告圈每天都是刀光剑影，所以在广告圈的发展史里打到今天还站着的那就真的是名副其实的大佬。问题是，广告大佬是如何炼成的？两位都是广告界的大佬跟前辈，那我想问两位大佬在入广告行之前，曾经做过什么职业呢？

成功广告人需学习奥格威先当厨子

莫：我先说。事实上我当时毕业出来，就进入正式的行业和市场，真的，我也没有加入黑社会，也没有做过其他的不同的职业。我记得我6月底毕业，8月1日就上班，所以算是非常幸运的。但是我在大学那几年确实做了很多事情。我记得有些朋友开始做装修的，然后我也有时候会做油漆工，我没有经验，比方说去做展览会，或者做一些公益的装修，算是又可以玩又可以挣点钱。我也会做一下补习老师。

梁：了解。所以之前，Tomaz在进入广告行业之前做过油漆工，做过夜总会的乐手，做过补习老师，到最后进入广告界。

莫：还有去一家冰淇淋公司，去做它的公关，就是广告部的，相当于今天的广告部。

劳：我也做过大学书社的导师。

梁：所以基本上两位之前都做过跟广告不同的，尤其是做老师这一方面，那后来是在怎么样的机缘巧合之下进了广告界？

广告大佬是如何出道的

莫：就是刚才我说在冰淇淋公司做公关，事实上只有我一个人，之前就是老板自己负责做公关。所谓公关，事实上就是我们今天说的传播，一年有20万元钱给我用，当时一个公寓大概是5万块钱。那时候也没有影视广告，反而是做个广播广告。还有，为什么做油漆呢？那个年代还有工展会，等于是Expo(博览会)。每一年这个Expo大概有一个月多一点的时间，香港很多人都会去那个地方购物娱乐，看博览会上新的东西。所以那时候在那个年代，我们有一家广告代理，然后他们来提案。我一听，这些人认真了，有很多文件，有很多所谓的策略，就没有我想象的那么简单，虽然我已经接触到一些产品上Label的设计，或许是工展会的设计、工展小姐的制服，然后就觉得广告原来是有专业的代理公司。当时就有知道，但是就没有再去探讨了，另外后面的几年读书有时候比较忙，就没有再继续做工作。但是，至少我有一个概念，知道有广告代理商，所以我毕业出来就知晓我有这个门路。现在来说也感觉到，虽然我是大学一年级，面对那些所谓的专业的广告代理，我感觉我那时候虽然是学生，但可以做的东西都会比他们好。

劳：在书社的时候，开始跟书社的那些同学一起搞话剧，然后出来演，导演之外还写一下剧本，然后也有一些文字创作，比如说有时候参加一些填歌词比赛，然后就对文字创意有一点兴趣。那个时候香港有一个名人黄霑，觉得他很厉害，广告、电影、电视、唱、演什么都行，我说这个可以做偶像，所以就觉得是不是可以有一些职业能够往这个方向走，然后发现那个时候有两个选择，要么做广告，要么就是做电影的编剧。但正如你说的，80年代的香港电影圈都是在拍黑社会电影，除非你是黑社会，你在那个时候就可以入行，但我那么清白我就不行。

梁：我想请问在刚刚进入的一年来还是两年有没有一些比较有趣的事情，或者是让你非常印象深刻的，让你到今天一直待在这个行业？有这样的人或事吗？

莫：我后来毕业出来的时候，我的文字的东西我也有，设计的东西也有。很容易我四家设计广告公司，其中有一家请我我就去了，上班的第一个礼拜就有人打电话说，你要不要过来我们广告公司，我就立即觉得我才上班一个礼拜，然后我就想要不要换工作，这个需求那么大，我都不好意思。我说你从哪里知道我，对方就说：那你来还是不来？他吓了我一跳，那我考虑一下，我就没有去。

成就感是坚持做广告的最大动力

劳：真的能够继续待在那个行业最主要的原因是，我觉得你做了一个创作，出街以后的满足感。刚开始，特别是刚开始入行的时候，你的第一个影视广告，第一个平面广告被人家看到，或者说有人去讲，那你会有很多的满足感。实际上是这一种满足感能够让你继续在这个行业里面走下去。

梁：就是靠作品的满足感一直走到今天。我想请问两位，在这行这么久了，有没有哪一个客户或哪一个事件曾经几乎让你们想打退堂鼓了，就是退出了，有吗？

莫：我做广告都快40年了，比如说我今天做客户，肯定员工会有一些抱怨，这个客户太难伺候啦。我永远是回头再想一下，我也会这样做。我说，更难伺候的客户、更难处理的事情我觉得我都处理过，比目前更难的我都处理过，所以我说你也别以为你现在面对的好像世界末日，我还是用鼓励的态度面对他们。

梁：所以从来没有打退堂鼓。

莫：也许我怕其他行业，反正我从来没考虑过，因为在几十年当中，同学也经常有机会见面，甚至同行也有机会见面，那你面对两种人，一个就是广告行业的，一个不是广告行业。事实上每个行业我觉得都有各自的困难和挑战。比如说五个人面对同样的问题，肯定有人一笑置之，有些人很乐观去面对，也有一些你觉得都可以解决的，他还觉得死啦，明天死了，很多这样子不同的人。

梁：Mayan老师也是站在一个态度上说。

劳：没有，真的没有说哪一个客户很难去服务。

梁：不一定要客户，比如说生活中的事情，包括人和事，让你曾经动过改行的念头，有吗？

劳：没有，真的没有。应该这样说，你做任何行业，特别是广告，因为是一个也挺需要你付出的一个行业，所以你必须要在一个开心的环境，如果那个环境不开心还做什么？必须要是开心的，就是说你的团队，尽管你的那个客户很难服务，但是如果你的团队是很开心，而且是一条心要做好的话，还是可以的。我觉得是这样子，那个团队的精神，那种大家一起、抱在一起，一起在骂，一起在说，一起在抱怨，这也是一种乐趣。能够有志同道合的人就能够让你走下去，就可以继续下去。

莫：刚才Mayan谈到的满足感，我也有同感。事实上我觉得他比较幸运，因为他很早进入广告，就可以说我看到自己的东西出街。我的经历稍微没有他那么快、那么幸运，因为我进入广告公司里面，我是从低开始做的，或者是说从设计开始做，东西都不是自己设计的，就是说老大有一个设计、有一个概念，比如说你去完成它。我受不了这个东西，但是确实进去大概半年左右就开始，有一些东西出街了，甭管你自己做一些平面也好，因为我是美术出身，当年平面的东西比较多，那就会感觉到有一些满足感。这个满足感我觉得在过程里面，应该是说成就感。

比方说我做了一个设计给客户毙掉，那是挫折感，但是在我做好的时候，对我来说就有满足感。他说很烂，我做第二个，这个还不行，到三个，第五个，第七个，还不行，还没有想透，再想。他每次说一些话都会刺激我，都会引导我，就这个新的东西出来。所以我觉得在广告公司的快乐就是，每一天你能够完成一个东西，就是一种满足感，就是一种成就感，而且每一趟的挫折之后就是一个成就。

喜欢新奇事物的人更适于做广告

劳：我觉得喜欢做广告的那群人，就可能还是比较喜欢一些新鲜的事物，然后做广告有一个好处，永远会比总体的社会要可能早三个月到半年甚至更早看到客户计划，会更早接触到社会最新锐的东西。所以你会不断在安慰自己，让自己会更新，就是从科学技术层面也好、内容层面也好、潮流层面也好，永远会感觉自己还是活在一个潮流的最前沿。所以为什么会有一群人还是会继续做广告，就是因为他不断能接触到新的事物。

莫：虽然我们谈了那么长时间，或许有一个词是我们平常都挂在嘴边，但是到现在还没有提出来，就是"创意"。那我觉得广告整体，或者全国这个行业里面，创新到创意就涵盖了我们所谓比较喜欢的原因，比如说我们接触广告肯定是从受众开始，比如小孩子，或者初中、高中开始。很多广告，我不是说广告那么吸引年轻人，因为里面很多创新的东西，新的资讯也好、新的手法也好、新的处理也好，所以这一块引起很多年轻人进入。这一块东西蛮特别的。

广告大佬更倾向招纳哪些人才

梁：比如说他已经做了七八年，还是十年，他说我要做CD，或者我要做GCD，然后那个人问他为什么不可以做ACD？为什么要做CD？为什么是GCD？为什么不是ECD呢？那从两个大佬这边来看，你们收到简历的时候有没有一个标准或者是筛选的方式，觉得这一个人应该是这个位子？

莫：首先讲，招聘有经验跟新入行的，先把它分开，如果说招聘有经验的或者说已经在行业里面，不管你做了三年也好，十年也好，目前我个人比较喜欢的还是这个人不会没听过，也不会不知道，因为我收的或许是有熟人，或者是同事之间的介绍，有口碑的，或许是有介绍的，我会觉得比较放心。当然也有一种情况就是，这个人不精纯，但是看他东西不错，那你要打听一下，比方说是从旅游公司来的，那我就打电话问旅游公司，为什么他要离开，一定会打听一下。但是我经常会跟他们讲，不管你说要做什么、你希望要做什么，跟你可不可以做是两回事，这个要说在前面。

劳：我觉得无论怎么样，你CD也好、GCD也好、ECD也好、CCO也好，最重要的一点，你的基本功必须要扎实，这是最起码的。无论你做哪一个职位，你本身的创意功夫要好。然后他们都必须要懂用广告创意的语言去交流，这是最基本的。但当你的组员越来越多，我就要看你到底有没有大佬风范了，能不能让那些小朋友服你，这是一点。

然后如果再高上去的时候要分客户，或者是要管很多组客户的话，那你有没有气场。如果要再继续高上去，如果要统管整个公司的时候，我就要看他会不会有一个眼界，就是会不会对这个公司以后要怎样走有一个看法或视野。

新人晋升：要善于和大佬对话

梁：对刚刚入行的广告新人，你觉得他们要怎么样才可以在金字塔底端里面往上爬。

莫：内部的交流说实话有时候我是有的，我比较早上班大约有两个小时，我的门永远打开，我从来不关门也不锁门，所以事实上我是很喜欢谁愿意敲门的。但是他不是来拍马屁，如果说有些问题想问我，或者有些话想跟我讲，我是蛮喜欢跟他们这样讲的。实际上我跟年轻人交流是从实习生开始的，我问："你知道你来做什么吗？"大部分是不知道的，所以我就说，你来的原因大概是这几种，然后你有没有目的什么的，我就会跟他讲一下这个。

劳：我是主动出击类型，经常在公司巡逻的，所以很多时候在公司里面处理一段时间的E-mail，开一些会之后，我就会去巡逻，我就会去看每一个人在做什么。看到有兴趣的就会问两句，然后这是一种交流。你会发现哪一个人跟你的对答Make Sense；哪一些人可能就是真的像你说的只会努力地工作；然后有一些人是有想法，但是可能没有观察得到。然后一起去唱歌，卡拉OK，喝酒吃饭。

跳槽体现一个人的眼光和EQ

梁：最后一个问题，两位对跳槽与否这个问题有什么看法？

莫：我是认同跳槽是一个现象或一个过程，但是每一趟跳槽只会人往高处走，要不然的话就没有必要去跳。但是跳槽那么频繁的话，那就是代表自己的眼光不够好。

劳：我觉得特别是我们国内那些创意，或者广告圈里面这一代很浮躁，每一个人的心都不能安定，很好地计划自己的职场要怎么样走，你现在在做的那份工作的指标除了金钱以外，能不能够有别的指标。去考虑多一点，比方说这个地方能不能够提供给我足够好的环境，做出更好的作品？这个地方的客户是不是能给我更多机会做一些一出来所有人都会留意到的产品？这个地方能不能够有很好、很漂亮的前台？以后的幸福生活就不需要担心，如果多一些这样子的指标的话，可能他们会想得再通一点。

梁：其实不管是Tomaz还是Mayan，你们可能都懂，就是当初入行的那个心态和态度，一直保持下去，你就会成为广告大佬。

上海广告人装X指南

吴天赋
灵智集团创意合伙人

吴凡
盛世长城(上海)
执行创意总监

赖致宇
BBDO(上海)大中华区
执行创意总监

张璐
氪氪互动董事总经理

张：我们现在来挨个介绍一下这次装X指南的嘉宾。第一位是我们上海滩富有"上海滩小贝"之称的Tif，之后这位是来自于上海盛世长城的ECD吴凡，身材魁梧健硕的Awoo。今天的话题很奇怪，叫做装X指南。

藏在广告人造型下的小心思

张：Awoo，你是什么时候开始有这样的造型？或者一直都会有这样的造型？

赖：因为大学的时候，头发比较长，常扎到眼睛，所以就绑了一下，把头发扎起来了，后来就渐渐戴着头巾了。因为拿掉这个不行，拿掉客户就不认得我了，有一次我就拿掉这个去提案，然后客户说后面的这个是谁，后来我就继续。当然加上做广告，你们知道，就是雄性秃会渐渐老化。当你失去一些的时候，你一定要保留一些，所以一切都不是故意的，偶然的情况下……

张：所以，很偶然的情况下建立出了一个新的Icon for Awoo。

　　Tif你是从一开始就扮演帅这个角色，在创意人员层面当中，帅这个角色其实很难扮演的，而且你扮演了很久，你是怎么保持的？

吴天赋：真是对不起大家，我刚才说了，可能对各位的感官有一点蹂躏。你刚才说我戴太阳眼镜，刚刚这个老师问我说，你要不要把墨镜脱了来录节目，那我说，我是近视眼怎么办？

　　我觉得有几个好处。第一呢，我原本包里有副备用的太阳镜，就说以前我还是戴正常的眼镜的，但是走到外面呢，太阳大了嘛，就希望换副眼镜，后来就觉得麻烦，然后我就二合一了。所以说现在我所谓的墨镜呢，基本上就是一半黑、一半淡的，基本上在室内不影响视觉。

　　另外一个好处，在客户那里开会或者是说内部会议的时候也好，不让别人看清你眼睛在说什么，因为眼睛最容易露出你在想什么嘛。

客户面前广告人如何保持个性

张：那你们觉不觉得一个问题，就是如果我们没有那么酷，或者是我们没有那么装，客户会不OK？

吴凡：你要想你的客户他们整天在干吗，他们每天都在看那些，对我们来说，相当无聊的报表。我是觉得说，广告公司的人嘛，应该将他的每一次的体验呢，好像要看一段综艺节目，要有这种感觉。他会期待你来，你来的时候，他心情很好，让你后面比较好办。

张：广告公司里的氛围也很不一样的，跟很多品牌方或者制作方，跟其他方的氛围还是不太一样。广告公司那边也一定需要出现更多奇葩，我觉得如果广告公司里没有奇葩，要么是氛围不够好，要不是创意不会抢，你觉得呢？

吴天赋：这个我完全赞同这样的氛围，因为人是最重要的。广告公司卖什么？就是卖这班人嘛。所以这班人都是有些怪思考，所以我觉得氛围很重要，而且广告人现在蛮多时间待在公司。

赖：比如说你的下面的所有人都穿得一样，所有人发型都是一样的，我们上班可能16个小时，16个小时要看一帮一模一样的人，你不让我疯了吗？

广告人如何快速融入广告大环境

张：但是有一点，Awoo 可能很有发言权。我们现在发现，有个性的女士在日益减少。前些年，我们可以看到很多ECD还是女性，但现在越来越少，这是一个什么样的反应呢？

吴天赋：我一直是很欢迎漂亮女生来加入，这个问题应该是，是不是女生正在减少？我觉得她们其实要有个性，还是可以有个性的，因为环境并没有变。还有就是，前两年请过两个都是实习生，后来一起跑去开淘宝店，就不做了。

赖：广告业在大家的印象，以前是很好玩，现在变成很辛苦。

张：广告圈的社交圈子很重要，我们需要把大家都搜出来一起，其实不光是社交的作用，而是告诉更多新人，其实这个圈子很棒。

赖：我记得以前在新加坡的时候还是菜鸟，我在做文案，每个周三跟周五，都会有新加坡的同事带到一条酒吧街,在那个酒吧街里可以看到各大广告公司里的人都在里面喝酒。

那时候感觉还真的是挺Love的,你真的认识很多人,而且那种光鲜的感觉,你就会不是那么很苦逼。我觉得那时候那感觉是挺好的。

吴天赋:而且那个圈,每个人都很认识大家。去了新加坡,每个人都互相介绍,我觉得挺好。不过,其实也挺可悲的,前两年往往是说,啊,这个人光鲜背后可能是很苦逼的。现在对广告人的评价好像越来越少"光鲜"两个字,就是苦逼的广告人。然后那句话好像永远在形容广告人嘛,就是女人当男人用,男人当牲口用。

张:我真的发现在Global层面当中,他们觉得创意大老板都是应该什么,吃着海鲜,唱着歌,睡嫩模,抽雪茄,这才是广告人。

吴凡:我一直觉得广告人不可以苦逼的,因为广告人不可以没有自己的生活,不能没有自己的个性,客户买你什么呢?以前我在派驻汰渍时听过一个讲座,一个非常好的导演,他只讲了一句话,我感触很多。他说客户买我什么呢?买我的生活经验。由于我的生活经验,使我对很多事情有一些独特的见解跟判断。那这样的人,他是一定很有他自己的样子,他绝对不是那种哈巴狗,贴在地上听客户说什么就做什么。

传说中的上海广告人业余生活曝光

赖:其实有时间去做点积极的东西,跑跑步也好,做做运动也好,聊聊天,看看美女,但是就很讽刺,其实广告人蛮不懂安排时间的。

吴凡:对。所以说你看很多广告人下了班,他不知道去干什么,反而是留在公司里面。

张:那Tif你下班去哪儿?

赖:我们都是下班回去看孩子,但周末有机会多看看外面的东西,去一些奇奇怪怪的地方，拍拍照。我们公司里就有一个酒吧，当然每个礼拜五的六点开始开张，喝到八点。那时候，亚当跟夏娃们都喝得醉醺醺的，就可能喝到醉醺醺之后，就唱K的去唱K，去吃饭火锅什么的。

吴凡：加班的加班。

赖：加班的他们就是拿一个酒，至少你会觉得在那一刻，整个氛围轻松了很多。大家就喝，喝得有点开了。其实拿这酒回去之后，哎，还是在吵，可是是笑着的，我看到很多这种氛围。

吴天赋：我们就有吃鸡这个活动。

吴凡：吃鸡？

吴天赋：我一般吃烧鸡，我要买几种鸡，像我们比较爱吃，不喜欢喝酒。

赖：我们好像不如Awoo丰富多彩，我们除了生日Party以外，然后就是组织各种球类活动，有益于精神文明、身心健康的一些活动。

张：那Tif会很喜欢运动吗？

吴天赋：我不是，我其实把那个当作一个作业，有时有点强迫症。就是下了班，如果有时间，就去游个泳，然后回家。可能已经作为生活的一部分了吧？

张：但三位大佬有没有觉得，如果自己变得很所谓的装，会不会跟下面的员工拉开距离？

赖：没有，看你要装什么东西嘛，对吧？我觉得也不是说我们特别要装什么，我那时候在台湾服兵役，一开始是排长，但后来被调到营部去做人事管理，每天要看一些很像报表的东西。当时我就告诉自己，我以后的工作绝对不能做类似的，因为我知道，我不适合做这种工作。所以我一定要做一个能够让我可以自由地，我想怎么样就怎么样的工作。

所以，其实，在很多人来看，好像很装什么的，其实我不这么认为。我觉得广告人他有他的创意，他有他的样子是应该的。他不必要说你一定要想装成什么样，就说是你跟每人都会不一样的，你把你的样子做出来就行。

吴天赋：应该鼓励他们装，我去理解那个"装"字，就是自我发挥、极致一点的表达，是吧？我反而是觉得我们现在这一代的人太乖、太平庸了，应该尽量发挥他的自我。

赖：人都有两面嘛，就是说我觉得这也是很自然的，不能说是装。你比如说我在跟客户开会的时候，和在跟同事吃午饭的时候，那肯定是不太可能一样的嘛。我觉得各个行业其实都这样，这就是做自己。我觉得也谈不上什么装，你让你的下属看到，哎，这Tif原来还是那么严肃的人哦，开会的时候，平时嘴里还有三字经，还有什么东西，跟我们一块。那我觉得，也是一个挺真实的人吧。其实我们平时都不是在装，我们就是做自己。

90后新人广告圈装X指南

张：目前最有意思的是90后占了越来越多的主导地位，电影《小时代》就开始描写90后的生活方法，他是怎么样来带动整个经济发展的？

那我们的广告圈也一样，越来越多的大学毕业生是90后了，越来越多的Intern是90后了。那这个过程当中，大家怎么看待这批90后？他们实质跟80后、70后都不太一样。现在新一批中国的年轻人走进了工作圈子，走进了广告圈，那大家有什么想法和评价呢？

吴凡：有很多人会讲70后怎么样、80后怎么样、90后怎么样，但是我觉得在这个年龄段里面，其实他还是一样有各种各样的能力，只是那种人变得比较多罢了。

我觉得90后的这群小朋友很彷徨，我不觉得他们像70后、80后感觉傻傻的，有目标。

90后的小朋友比起我们，他们有更多的分散他注意力的东西，比如说他在大学期间，有非常好玩的电玩可以去玩。比如说我之前在玩《魔兽世界》，有一个一直不断带我去地下城的人，他就是一个90后的硕士。然后有一天他就很沮丧，我问他"你怎么了"，他说在电脑里面装备如此的华丽，整个人看起来如此的硬朗、帅气,而明天毕业,还不知道自己该怎么办。因为他花很多时间玩《魔兽世界》,玩得比我还强。所以我觉得他们很担心自己,不确定自己要干什么。因为在他看来,有如此多的方向可以去做。那相对于70后、80后,我觉得他们是比较做自己的,因为他比较不会被左右。然而,他反而很有可能会离开广告界,因为他有很多种各样的选择。

吴天赋:OK,回到我们这个行业,究竟吸引力有多大？我们叫广告界,其实已经不是那一回事了。怎么开阔我们的做法、整个营运的模式、整个流程的生活,这些东西都要改变。如果我们觉得90后很难进来,这是我们的问题。其实,我们这个行业应该吸引一些新的人、新的想法、新的冲动进来。现在的媒体,特意把他们过度地分析,但是其实这班人就是一班年轻人,只是可能他们成长的过程是有点不同,但是我觉得还好吧,还是要给他们方向。唯一我觉得刚才Awoo讲的,就是这代人选择太多,他们比较难专一,恒心比较差一点点。

赖:前辈们看现在的70后会是什么样的？我觉得其实跟我们现在看90后是一样的。我觉得每个年代自有每个年代的一些优势跟劣势。其实每个年代对每个年代的人来说都是公平的,关键是看他怎么样对待机会。

张:有没有发现,90后现在其实不太装,他其实与生俱来就没有那种装的痕迹。

最出位的品牌

伏虎
知名汽车营销顾问

赵军
知名营销人

陈格雷
盒成动漫创始人

陈：过去两年，给你们印象最深刻的、最出位的品牌是什么？

伏：出位的原因是因为这两年，其实最大的变化不是他的营销好，因为我自己对黄太吉什么的看法一般，相对比较好的是特斯拉、小米，包括"褚橙"。出位的核心是说，一般都是本行业的人做本行业，所以行业思维非常明显，模式，包括思维也是一样，那么过去两年比较明显的是，传统行业往往是由非传统行业的人来做，然后做的方式和思维跟以前不一样了，这个是模式不一样，过去两年最大的变化是在这儿。

出位第一招：外行的突破精神

陈：对，而且他们一上来就先说，我不熟悉这个行业，我不是干这行的。

伏：大家都想转型，首先最容易转的人，肯定不是做传统行业的人，因为他已经做了好多年，他太清楚这个怎么赚钱，所以突然间到了新格局他不会弄。但是新来的人，他反而会比较容易做。

陈：所以你觉得最出位的品牌应该是小米，或者特斯拉？

伏：不能这么说，应该说，小米、特斯拉是大家比较熟悉的，因为我自己做车嘛，包括说日本品牌，很多你看到的，比如致炫，你们觉得不了解，但是一个日本品牌像做快销这么做一个汽车品牌，对日本品牌来说，它这一步已经迈出去非常非常远了。其实普遍来说，整个思维都在变，只是小米跟特斯拉是大家比较熟悉的，每个老百姓都知道。

赵：我这段也比较关注马佳佳那个，叫"泡否"。这个东西对人冲击蛮大的。首先出位很难定义，这是一个问题，但如果说我们认为他的做法、思维方式不一样的话，我倒不愿意说他叫出位。真的相对出位的话，我一直认为小米还是比较出位的，它完全是用粉丝来做，它不搞什么营销之类的东西。就是说谁抓住人谁就能做成，所以它活生生地把一个很传统的东西包装成了互联网企业。

出位第二招:"资源""政策""下半身"一个也不能少

伏:只有雷军能动用那么多资源。客观地说,也只有褚橙的那个老褚,褚时建,他才能够聚集所有的这些大佬,包括当时操作的媒体资源,很多资源是免费用。就是说另外一个人再想复制褚橙、复制小米都不可能。不是思维的问题,是资源上缺乏那两个人的先天优势。

陈:对,他有强大的积累。

伏:对,"例外"比较好的是他能做营销,这一届政府一定会帮忙,扶植出十几个像"例外"这样的品牌。但是它能做到多出位?所以从这个角度来说,这是第三种出位嘛,就是政府政策变化。因为中国最容易走在前面的是政策影响,因为这还是个政策引导的国家,而不是靠互联网思维的。我说句比较实际的话,即使拿微信,包括现在春节的红包来说,马化腾既沾了互联网的光,又沾了中国政府网开一面的光。

陈:赵军老师有什么高见?对于这个出位的标准是什么,或者是……

赵:出位在行为上比较容易,你要说一个品牌出位的话,假如说今天有一个大的品牌也好,不管是什么品牌,不管是奥迪也好、宝马也好,就是做跟它传统的做法完全不一样的事情。

陈:我可以举一个例子,杜蕾斯,在那堂著名的审判中,它曾经说过"不薄不厚",我觉得这个已经相当出位了。

互联网时代方式的变与不变

赵:以前你去应聘到什么公司,会考虑你坐这个位置,今年能做到什么目标?其实这个思维现在已经被另外一种思维打破。我根本不考虑能做到什么地步,首先考虑的是有没有一件事情我想去做,然后我跟谁去做,我怎么去做。至于能做到什么地步,达到什么目标,根本不考虑。他认为这个事情可行,他就先去做,他先不考虑别的东西,这是冲突特别特别大的一点。

伏：我倒不迷茫，因为中国的几个点没变。第一，中国任何行业都是爆发式的，所以中国任何一个品牌一年都能建起来，我们以前拍太阳神，太阳神是什么样子的呢？以前是电视广告，是给电视台3000块拍，太阳神是第一个花20多万，去真正用胶片拍电视广告，然后大量投放，就成功了。还有一点就是中国人一直没变，中国人跟热点还是特别厉害的，细分不是特别明显。换句话说，中国基本上是你只要跟对热点，都能成。

陈：**我想问两个问题，一个是互联网思维做品牌靠不靠谱？第二，你觉得互联网思维是什么？你们理解？**

赵：我觉得互联网思维本质的东西，就在于你敢去颠覆一些东西，你敢去怀疑一些东西，你过去觉得这个东西我应该这样去做，你现在会想说，我如果不这样会怎样？或者说我想起一个特别老的片子，叫《神辫》还是《神鞭》？就是清朝有一个人辫子是很厉害的，后来辫子被剪了，大家都觉得你完蛋了，结果这个人依然很牛，他拿枪依然很准。其实最本质的东西还是创意。你有没有好的想法？你通过什么方式把它实施出来？所以通过什么方式就是互联网思维的一个点。

互联网思维特性：专注、极致、口碑、快

伏：互联网改变了一件事情，就是它在传递介质的改变上非常快，它的信息传播反馈超乎异常地快。其实口碑以前也重要，可能我们刚上来一个产品，说好的人、说不好的人乱骂，就是谁都没见过这个东西就骂起来，它能瞬间放大这个东西，互联网这个介质让这件事变得特别强。还有一件事比较重要，互联网证明了一件事情，就是极简单的一个产品做到极致，它的产品因为这个介质的原因，因为它不用重新建实际渠道，所以能在最快的时间内把产值拉到极致。

陈：**对**。

伏：这个是互联网时代，就是我可以自己不生产，交给别人生产，我只要有想

法，我自己可以不销售，我通过互联网渠道销售。互联网证明了，在制造跟销售上，它完全逾越了传统意义上的速度和规模。这个是互联网实际带给制造行业最大的改变，这个改变在过去是没有发生的。

陈：所以我觉得快和极致是最关键的。

伏：对，它的规模上，因为以前说互联网上小东西小打小闹，现在就是我可以理解为，任何一个东西都可以做到（专注、极致）。为什么专注、极致以前不愿意做？专注和极致带来的问题是，规模会非常小。以前我专注做一个小小的手机套，哎呀，兄弟，你这个产值太小了。但是现在你专注于手机套上，兄弟弄得不好，你这样迭代更替，可能做到几百亿的产值，而且它的附加值非常高，但是只有在互联网情况下才有可能发生。所以互联网的核心是改变了制造设计的外包，制造的本身外发，包括销售本身的非实体化。三合一，让互联网思维本身的强度就非常大了。所以汽车行业最后一定也会走到那一条，但是现在还不到时候。小米在这一点上做得最好，就是说它在这三个点的利用上是做到最极致的。

陈：其实我特希望你谈一下特斯拉。比方说它是会转眼即逝的一个品牌，很过眼云烟呢？还是说它很互联网思维呢？还是说你觉得它核心的、最牛的东西是什么呢？

特斯拉成功有难度

伏：销售、制造，在这两点上做得越大，包袱越重，这是一个致命伤，这也是汽车产业今天的致命点。为什么你看汽车行业都是几经颠覆，你看所有的牌子，汽车行业当中就是好五年、坏五年。为什么？赌产品。这五年，兄弟有一个SUV做得非常好，你就非常好；但是那五年，因为你的渠道，包括你的制造，那个硬东西在哪儿，你必须不断有产品去抚养它。特斯拉从目前来说，从产品本身来说，我不觉得它是革命性的，因为它没有提出什么革命性的作业模式。特斯拉有三点是比较特别的：第一，它先做轿跑，就是它价格提高。

陈：电动车过去是先做低价的。

伏：对。第二，它先锁定人，因为创始人马斯克在那个圈子里本身很有影响力，所以他的成功不是产品成功，他锁定的是基因，硅谷基因，因为很多人是做风投的，他们到那儿就必须买这个车，不是因为别的，就是因为好像这群人是一个示范，所以他示范效应做得非常好。第三点，还有一个问题是说，其实能把新能源做出来，一定是一个从来没有做过汽车的人来做才能成功。为什么？因为他没有那些包袱。但是特斯拉我自己觉得成功的概率，客观地说，有难度。

陈：你觉得他的问题在哪儿？

伏：几件事情上，一旦你要完全互联网思维的话，有几条是过不去的。汽车跟手机不一样，汽车的检测是非常严格的，其实很多技术别人也有，不敢做，不像特斯拉胆子那么大，他是怕影响他很多销售的问题。所以在这点上是个问题。第二，批量制造，卖5000台车跟卖50万台车，对制造来说完全不一样，这个差很远很远，你要找到一堆的供应商把成本降下来，那是完全两回事。还有一个，就是销售渠道和加工渠道，新能源车，你本身充电，就这一件事儿，他是技术成熟型，他不是一个怎么说呢，就是说我试用一下就行，他要证明几万个、几十万个、几百万个案例是没有失误性的。我觉得特斯拉最后就是卖。他第一要把它卖了。第二个本身呢，它能成为一个案例，说新能源车可以变得很酷，仅此而已，它不会成为整个汽车行业的颠覆趋势。

赵：如果你认为他不是一个传统做汽车行业的，他就很难长久，这一点我持保留意见。刚才也谈到苹果，苹果最早也不是做手机的，关键是它的供应链的管理能力，还有一个它产品的创新能力。

陈：供应链管理还是很重要。

赵：对，我管理，但是我让别人来做。我们前两天谈了一个事情，一个朋友开玩笑说，2014年是什么年？说走向共和的一年。

陈：为什么？

赵：走向共和，其实就是大家一块儿赚钱，或者说在做很多事情的时候，实际上是大家一块儿在配合，而互联网让你这种相互配合的几率大大地提升，让所有的选择一下子放在你的面前，在网上什么东西都有了。伏虎他很懂车，他现在自己想做一个车，虎牌轿车，我相信你设计好了，你就在网上去找这些原配件，你自己一定能装配出一辆车来。

伏：我觉得那样，我先说跟赵军不一样的地方是哪儿。互联网能做什么？我2000年开始做互联网，互联网当时犯的最大的错误，谁是赢家？卖书的是赢家。互联网卖东西它是有一个渐变过程的，因为早年的互联网，很多人什么都想卖，但真正卖成功的是什么？卖书的。因为那个最简单，就是说那个是一个不需要服务的，手机已经比书复杂太多了，到车更麻烦，如果没有任何大规模实体的，包括维修的……

赵：我想插一句，就是说我们其实不是在重点谈特斯拉，或者说帮他做广告也好。根本没有，我觉得他是开创了一种思维模式。

个人魅力、炒作热潮与去山寨化缺一不可

陈：我觉得"例外"也好、庆丰包子铺也好，是等出来的。就是他很扎扎实实在做事情，只是突然有一天命运某一个光环就照上了。这是第一种。第二种我称之为是杀出来的。什么叫杀出来的？就是说他的功力很深厚，我觉得小米是代表，包括特斯拉，我觉得都是这种。这种我们还是比较敬佩的。我相信我们三位都有共识，我们其实不太欣赏那些炒出来的。就包括可能是牛腩啊，或者是煎饼啊，或者是其他，我们会觉得这种东西，它的那个虚的成分太大。

伏：因为我以前也投资过嘛。就看孙正义本人，你会觉得他是个疯子，他的想法毫无边际。但是事实证明，疯子跟天才之间，我觉得很难判断，因为这个东西只有你过了一段时间才能来说他当年这个思维是不是很那个。

陈：你看罗永浩或者马佳佳，我都觉得这个人很有趣，就是这个人很有意思。在这个时代，一个企业去做公关，不如他的老总一个人站出来。

赵：这个原因可能也是在于，互联网的发展让个人成为了一种媒体。周鸿祎现在就很明显。你看他出的那本书，他的打法其实带有非常明显的个人塑造，塑造个人英雄主义。我作一个预估吧，我觉得360下一步，肯定周鸿祎会想尽办法把自己的个人品牌或者魅力做到极致、做到最大。

360才是最出位的

陈：我跟老周吃过两次饭，老周能否做到极致我先不说。我有一个评价，我认为360才是互联网里面最出位的品牌，我觉得当之无愧，没有第二家可以比的。就是360太猛了你知道吗？

伏：但是它有个问题，就是说中国所有的制造行业品牌吧，都有一个绕不开的东西叫山寨化。相对而言为什么当时推崇小米，小米是中国所有制造品牌当中山寨化气味最少的。

陈：但其实本质上它还是山寨的，我说实话。

伏：对。但是中国品牌不论车、手机，周鸿祎只是把山寨这件事当成歌功颂德来做，我就是山寨的，我就玩死你。但这种模式在一段时间是可以的，如果还想往上走，山寨是中国品牌绕不过去的一个问题。

陈：我不同意你的看法，我认为小米其实就是山寨的，只是它的品牌气质上不同于山寨。

伏：对。你如果帮中国品牌策划去山寨气质，那是相当难的。我实话实说啊，就是说这是中国品牌最不容易的、最大的一个挑战，小米解决得不是特别好，我觉得相对比较好。

陈：但是有一种观点，有人认为，其实它的品牌气质也是山寨无印良品的，真有人这么认为。

赵：那是别人那么看，如果说我们看它，因为我今年春节回家，我问我哥的孩子，他也20岁出头了，一直用小米。我问他为什么用小米，因为我也很好奇。

我说那好吗？他说习惯了，挺好的，又换了个，换了个更大的。我说为什么喜欢用，他说里边的应用什么都挺好的呀，他说他已经习惯了。就是我感受它本身来讲，它有自己的东西，它建了一群粉丝，它这一群粉丝里边，它给他们提供了服务，它这个服务是这些人所需要的，是用起来蛮方便的。而且最早大家都知道，雷军是从米聊开始做起的嘛，米聊本身很有希望的，但是因为微信的出现嘛，米聊彻底没戏了。

伏：肯定没戏了。

赵：但是他后来用了一个终端把他这个接起来了。

陈：他就不做中国的Fackbook，他做中国的平台了。

赵：对，他把这个接起来了。

陈：他换了，他换了打法。然后，请两位用一两句话补充我们今天最出位的品牌或者互联网思维。

赵：没什么太多补充。反正说不到什么互联网思维的东西，只能说到，现在你可能觉得什么都有可能，那么你想做什么东西，你去做，你去坚持，就一定能做成。

陈：所以你觉得这是一个可以更快实现梦想的时代？

赵：对，只要你愿意去做。

伏：感觉现在的时代跟赵军说的一样，出位很容易，能不能做到三年以上不容易。主要是坚持多久，这个出的位能坚持多久，而不只是为出位来做，这个比较难。

陈：对，这个时代变化非常快，我们这个月看这个品牌所呈现的情况，我认为在下个月就会不一样，再下个月又不一样。所以这个时代即使按品牌的角度，我认为它已经不是以年为计算单位了，它真的进入了以月为计算单位的阶段了，已经非常明显。它成长得也快，但它遇到各种问题的速度也非常快，所以我觉得快和变化是最大的一个特点吧。

阴谋论下的危机公关

赵一鹤
易合博略品牌咨询公司
董事总经理

黄小川
华谊嘉信联席总裁、
迪思传媒集团董事长

刘桀
奥美RedWorks设计总监

刘:"阴谋论下的危机公关该怎么做?"我们不妨从三个部分来聊一聊。一部分,明星个人的形象危机公关,他出了问题时的一些措施;企业或者企业老总在一些形象问题上的传播和沟通;还有一个可能是我们在品牌上的沟通。关于文马事件,包括媒体也对他几份声明的质疑,尤其是文章发的第一篇声明,两位老师怎么看?

好的危机公关:不仅发声更要看行动

黄:从他微博写的道歉函来看,我觉得文章表明了一个态度,首先承认自己错了,第二点强调自己不是一个完美的人,第三点来讲他要回归家庭,尽一个丈夫还有尽一个父亲的责任。我觉得从这个危机的角度来讲,承认错误、承担责任已经说到了。但是他说完了以后媒体还在炒作这个事情。

赵:尤其是发现了有技术问题。

黄:对,然后就发现负面的负字不同,那就说明在做这件事情上面,至少是有两个以上的智囊团参与了。尤其马伊琍父亲写的那个回应里面,我觉得还是蛮真诚的,而且作为一个父亲的态度也很真实,这个应对没有问题。从我们公关行业处理危机的过程当中知道,你要赢得受众的理解和认可,光有真诚的态度是不够的,文章其实后面应该有一些行为呼应,我们叫行动,去维护你刚做的承诺。

好男人形象是不是包装的需要

赵:我觉得从整个的文马事件肯定是背后有一些公关的力量,不管是阴谋还是阳谋,从另外一个角度去看,明星他不仅仅是一个人,他是一个品牌。我们把明星幻化成一个品牌去看,之所以能够引起那么大的一些话题讨伐,我觉得是本身所塑造的这个品牌出现了一些冲突。

刘:对,尤其是他早期把自己塑造成一个完美丈夫、完美男人的形象。

黄:这个我觉得未必是马伊琍和文章想这么做,明星其实是需要包装的,然后明星希望只要是跟公众接触,参加事件也好,参加沟通也好,他都要展现他最好的一面。但是假如说我是一个文章的粉丝,我现在看到这样一个完美的形象突然间梦都破灭了,我也很伤心。

还有很多企业品牌请明星代言以后,你这个不能做、那个不能做,其实这也是一个问题。

伊琍爸爸的出现将文章从男神拉回到男人

赵:(伊琍爸爸的信)像黄总刚才讲的,我觉得里面饱含着深情。第一个层面上就说他本身的出身,包括说感情之间怎么样;第二很重要的,他以一个很低的姿态,去求那两个总编放过他们。其实从内容上来看,确实挽回了很多粉丝,从另外一个阴谋的角度上,是不是觉得也是别人代笔的。

刘:公关团队。

赵:我觉得出自父亲的真心,这篇文章起到了一个扭转的作用。

黄:对,事件的一个转折点。

赵:他其实不仅仅代表父母的一个态度,更代表了马伊琍本身的一个态度。文章第一篇博文出来的时候,马伊琍的态度其实很简单,里面带着辛酸,带着无奈。这篇文章出现,可能就是真正能够站在一个家庭、一个父亲、一个社会化的角色上去发的一个声,我觉得这个可能是一个很重要的转折点,我觉得本身是加分的。

刘:就是这个转折点它出现的时机,包括用一个马伊琍、他岳父的角色来讲非常巧妙。实际上这篇文章把文章这个人从一个完美的男神又拉回到一个男人。

黄:他还是说我要跟你们死磕什么的,我就觉得从公关的操作来讲,如果是专业的操作,肯定不会让这种东西发出来。所以这个东西你们来讲,你说有专业团队吗,我一看又不像,是有悖于专业原则的。

新媒体环境下明星公关建议

黄：同时又谈到另外一个问题，传统媒体在新媒体的冲击下，最后没有办法，靠什么？只能靠明星的事件炒作来诱发大众的关注。新媒体本身你看，大家看一下所有的危机事件爆发和传播都是在新媒体上的，或者微博、微信上的。

刘：对。

黄："且行且珍惜"就透过新媒体成为一个伊琍体，所以现在像刘强东、马云还有周鸿祎，他们是很擅长去制造事件，去为自己的品牌服务的。周鸿祎你想有3Q之战，我觉得他都是透过这种事件来炒作，来扩大自己企业的品牌竞争力。

其实咱们再看新媒体条件下还是要找到一个自己的形象，符合你本身定位的东西。我们公关行业有一个基本的定位是什么？就是我们传播任何事件都要基于事实，如果是违背了这个原则，将来对你的品牌就会有所损害。

赵：在现在的数字化环境，包括社会化媒体、自媒体的环境下，没有完美只有及格，也就是说原先我们只需要把这个信息不透明抓住，然后把自己的声音、自己的观点用那些媒体的方式去传达就行，但现在不行，现在一切信息都是透明的。

新媒体公关要摆正心态

刘：咱们说回来，刚才赵总那个思路挺有意思的，他觉得刘强东利用媒体故意炒作了一个有剧情的奶茶妹事件，配合他上市。听到黄总的观点，好像更像是刘强东只是利用了媒体给他曝出来这个事件？

黄：我觉得他其实也很无奈。

赵：他是一个被动的传播。

黄：自媒体时代里面，我觉得我们个体的声音也会被放大，比如像网友的表达，当然京东的主流消费者不会受什么影响，因为最终还是便利性、是不是便宜，我们买到自己称心的产品这是最核心的。

所以要尽量让你的信息更加透明、公开，就会减少阴谋论，减少大家对你的猜测，然后你防范风险的能力是增强的，同时改变心态允许人家说你不好。

刘：其实如果企业老总个人有一些事件发生，毕竟还是有一个时间周期，短期的效果，总体还是应该去往企业正常经营、企业品牌正常经营的方向上（努力）。

赵：所以我觉得数字化时代里面，一个关键就是真实，随时都能够监测有哪些消费者、有哪些主流的消费者甚至有哪些阴谋者。

刘：从企业或者企业老总来讲，在自媒体时代，差不多就是人人都是一个狗仔队，所以你的言行还是要一致。

黄：如果说企业的老板你没有时间去管理你的微博，或者你的微信，比如说你可以不发声，你就做私人的东西，没关系。如果你要把它公开化，我觉得发错声比不发声对这个企业的损害更大。

刘：更糟糕。

声音一致性同样适用于新媒体公关

赵：我觉得不管处于什么样的阶段，企业的管理人员一定要把自己纳入到企业的整体宣传氛围里面去，我们知道整个传播分为内外两个角色，外部角色就是公关，就是广告，就是一切的东西。

刘：其实就是代言人。

赵：内部角色就是需要让每一个高管，尤其是能影响到整个公司声誉的高管在去发声的时候，保持一致的传播口径。未来我们觉得管理好整个公关，管理好传播，需要内外部两个管理。

黄：我补充一下，我们公关特别强调声音的一致性。

赵：对。

黄：其实企业内部沟通这个层面从公关的角度来讲，并不希望整个管理层都去发声，要么有新闻发言人或者是老板去有效地跟内部、外部沟通。不允许所有的人去胡乱发言，否则会产生更多的阴谋和误解，这样会影响到你传播的效率还有沟通的效果。所以一定要坚持第一，基于事实，去做有效的沟通，还有一个，态度要真诚，还有一个，你承诺的东西一定要做得到，要不就别承诺。所以你的行动要跟你的声音相一致，这是我们企业内部和外部沟通都要遵循的一个危机管理的基本原则。

刘：所以咱们最早开始聊的，文章第一篇那个回应，其实当时有好多人去点赞，说他挺爷们儿的。到第二篇的时候就血性得有点过了，有点过犹不及了，所以后面再有一系列的转机。

黄：其实我觉得文章要做的事情，第一，我错了；第二，我准备怎么做；第三，我的行动在哪里。所有的这些事情里面，你全按照这个逻辑去做就没问题了。如果说你东一榔头西一棒子，把自己的情绪发泄一下，导致这个东西本来大家都不关注了，后来又重新关注了。

马航事件拷问公关能力

刘：说到信息发布混乱，有个更大的事件——马航事件。

黄：MH370。

刘：不同渠道的各种声音导致整个中国媒体上一片质疑，各种阴谋论、各种猜测，我看了不少，每一个好像都很真实。

黄：马航这个事情从我专业的角度来看，一直都在跟着别人走，它无法自己去主导。还有一点，它说话的过程当中，一点点挤牛奶的信息给予方式是有问题的，在整个信息的发布过程当中不能够随便换人，应该是一个人一直做下去。第二点来讲，说的信息要尽可能及时、尽可能快。第三点就是对家属，一定要做好有效的沟通。我觉得整个马航事件来讲，一个是政府的管理能力很差，马航自己的能力也很差。所以两个差能力叠加在一起，导致整个处理非常之差。

赵：对，这个事件到现在为止，我觉得我们还看不透，也许可能背后……

刘：到后期其实确定飞机失事的时候，他们做了一个更糟糕的事儿：他们用短信通知了家属，说飞机失事了，没有了。当时现场就已经混乱了。

赵：因为短信通知里面都是英文，可能很多的一些家长看不懂，他又没有提供一些协助，两个混乱的机构缠在一块儿，然后造成了更混乱的结果。就是整体的政府跟马航本身基本上没有处理危机的能力，另外就是管理上混乱，造成了这样的局面。

黄：中国政府这一次还是很给力的，其实危机公关还有一个原则就是生命价值是第一位的，所以一定要尊重生命。我印象当中是某个公司的CEO，借这个事要给员工买保险，愚蠢，最后引来一片骂声。你去尽一分力，哪怕你什么都帮不到，表一个态度也可以，但是不要去商业化。

赵：这个事件早期我关注到一个情况，某个强调安全的汽车品牌，在当天晚上发了一条微博，什么什么坐飞机是不安全的，我们的汽车是安全的。结果那条微博被骂爆了，不是被转爆了，后来就删掉了。

黄：去年我们帮伊利做了一个项目，在汶川做的。伊利不是去大肆报道这件事情，更多的是报道那些灾民的感受。做CSR就不要有传播的痕迹，最后受众会感觉到你真是一个尽企业社会责任的行为。

赵：我觉得这个时候就像刚才我们去讲的这个原则，一切的商业化都是愚蠢的行为，这个时候不是企业真正去露脸，去宣传，去讲品牌、品牌知名度、品牌价值的时候，踏踏实实地做事情，而且不求回报，这就是最大的回报。

中国政府赢得人心

刘：咱们说回马航这个事儿，最近已经到了类似于国家层级的竞争了。这几天美国和英国媒体又曝出来说中国家属以及国家干扰了搜救的进程，比如说家属在现场的情绪不好干扰了，包括中国的军队去搜索，搜索错了方向，给错了信号。是不是说,因为马来西亚的国家形象和马航自己的形象都受到了很大的损害,他们作出了一个本能的反应?

黄:坦率来说,区域不是中国划定的,所以我觉得跟中国扯不上关系。再一个来讲,军方只是说卫星照片照到那里有东西,不是说那些东西就是碎片,指责中国是很牵强的。但是英国和美国媒体认为中国做任何事情都是有政治目的的,中国原来是韬光养晦,现在是要展示肌肉。中国有一个负责任的政府,就是要向中国老百姓做一个交代,我是积极地参与这件事情,它其实说白了,跟怎么评价马航以及英国和美国没有关系,你去评论中国没有意义。

刘:这也是政府重新在老百姓心里树立自己的形象。

危机公关三度原则:态度、速度、力度

刘:其实咱们看马航跟马来西亚,它们有没有可能有什么契机让自己的形象提高?

黄:第一点是解决所有遇难家属的赔偿问题,第二点是向全世界有一个解释和说明,强调它自己国力和能力做不到,感谢像中国、澳大利亚,包括越南等等。然后,马航要解决的就是大家对飞机安全担忧的问题,它要重塑它这个体系,去保证安全。而马来西亚要去解决的东西,就是马航是一个独立的事件,不是说马来西亚所有的事件都是这样;另外一个要强调马来西亚依然是一个友好的国家,马来西亚有很多自然风光值得大家去看,因为它最大的担心是大家再也不去它那里旅游了。

刘:遇上危机事件的时候,为了能够避免各种猜疑,其实最起码的是信息透明、及时,然后诚恳,对于一些明星、企业的领袖人物来讲,更关键的是要放低姿态,要真诚地对待媒体上的粉丝。

黄:你刚才讲到态度很重要,第二,速度很重要,最后你解决问题的力度也很重要。主要是三步,你把这个东西做好就没问题了。

刘：太对了，速度、力度。

赵：我觉得有很多本质的东西，可能恰恰是比较简单的东西，但是最简单的东西可能是最难做到的，可能我们在处理危机公关的时候，过于去想很多的花活，过于去想引导舆论，这样的一个情况之下做到三个度，做到真实、透明、低姿态，就是一种基本完美的危机公关方法。

明星代言大有文章

许绩林
时任凤凰网娱乐项目
合作经理

李骥
威汉营销传播集团
董事总经理

罗易成
时任灵智精实创意群总监

央视+明星=80%成功

罗：实际上明星代言这个话题已经很古老，甚至在我们出生之前就有明星代言这件事情了，所以我想先问问两位，印象中比较早的明星代言的广告是什么？

李：明星代言印象比较早的，但印象不是特别深，感觉好像葛优出来挺早的是吧？

罗：对，省优部优葛优，我们是同龄人。

李：那时候他刚火，再早一点还记不太清了。

许：可能就是高圆圆那个清嘴的广告吧，我印象中好像她只是一个普通的小女孩，还没有成为现在的一线明星，但那个广告现在我会记得。

罗：那说明我跟李骥同年，清嘴都是我们很大的时候看到的广告了，所以这也说明不管在哪个年代，其实都有自己印象中很早很早的明星代言的广告，这已经是一个挺旧的话题了。放在今天来看，实际上我们不能去否认明星代言有这样一个很好的效果，因为但凡是一个企业、一个品牌，要迅速建立它的知名度，要让你的产品迅速火起来，请明星代言肯定是一个非常有效的方式。只是在这个年代，尤其是互联网起来的年代，我们会对明星代言有一些新的解读，这也是我们聊这一话题的意义所在。我们最近看到，就比如说李代沫，他作为一个明星，然后通过一个什么节目就火起来了。我知道他是一个唱歌的，在我一首歌都没有完整听下来的时候，又听说他吸毒被抓起来了。对这种一夜成名的明星，我们怎么去判断他的价值？

李：你刚才在聊的时候，我突然想起来我以前有一个工作经验。不知道大家记不记得，很多年前，大约在1993年左右，还是1994年，中美史克有一个广告叫芬必得，请了庄泳代言，那时我们是在4A公司里面，我是参与做这个项目，觉得特别火。那是在药品品牌里面做电视广告片，上中央电视台，另外就是还第一次运用这个明星代言的方式。庄泳当时刚刚获得了奥运金牌，非常光彩，但是我们的这个创意是挖掘他生活里面的事情，金牌后面的很多疼痛止痛药嘛，包括她跟她先生之间的一些事情。那个片子把品牌一下做起来了。那套片子大约播放了四五年，一条广告片播放四五年，其实为品牌奠定了一个非常好的基础。后来庄泳退役，但是很多人还记得那条广告。那个时代特别不一样，那个时代，大家唯中央电视台是瞻，一个商业、一个品牌，商业广告进入中央电视台，基本上就成功了一半。

罗：请明星的话。

李：对，你要再用明星就成功80%了，为什么？媒体特别稀缺，信息非常单一，大家有崇拜权威的心理需求，那是在90年代初，或者整个90年代。到了2000年以后进入互联网，特别到现在，社会化媒体等等，话语权已经从权威转移到草根，然后我们已经戏称CCTV为CCAV了。我觉得现在这个社会，基本上不会有什么长期非常火的明星。基本都是社会有一种把他们破掉的心态，然后谁成名就一定会有丑闻。

明星周期越来越短 变成品牌"快消品"

李：网络让负面、丑闻爆发，一下子满天都是，坏事传千里。所以明星代言的效用我相信是在下降的。你说李代沫虽然在节目里面一夜成名，但是这个人的形象、个性、资质、品质，厂商并没有很好地去了解。几个优胜的选手，被苏宁用来做广告，创意非常粗糙。我觉得完全可以理解企业的心态，就是我要赶时间，我要速度，结果就很粗糙。我觉得李代沫这样的，你还没有见到他在娱乐圈里面有一个很好的作为，慢慢地走向自己的明星之路之前，就已经贸然使用他做广告，我觉得这个风险是挺大的，特别在现在这个社会里面。

罗：所以您觉得一夜成名的这些"行星"，其实他的形象不是立体的，但是企业急于求成，谁火我先用他，也许明天你就不火了，所以赶你火的时候用一下。

许：很多都是快消品，就比如"来自星星的你"，都敏俊因为火，所以我遍地都能看见他，我觉得广告商可能会觉得这么多人喜欢他，我把他抢过来，那一瞬间的效果会特别好，大家也会觉得他们火的寿命也不会很长，所以抢着一个是一个。

一夜成名风险大 代言还需知根底

罗：李骥老师您觉得在互联网思维下，我们传统的广告人该如何理解明星代言和掌握风险？

李：我觉得有一个，英国人说的 Keep Calm（保持冷静），不要太急，不要太头脑发热。明星出了问题之后，伤害已造成，你说什么都没用。广告商眼看品牌到这个节骨眼上，只能受害，没办法。

现在过于强调眼球经济了。但是我个人觉得，我记住你就一定能转化成销售行为吗？如果在中国出了贝克汉姆这个人，恨不得踢一场球，第二天就一大堆广告商，对明星也不好，他会突然成名，突然来了很多钱，对他的成长也不是很好。

小贝的商业价值是逐渐"养"起来的

罗：贝克汉姆那个年代的很多明星，现在我们已经记不住了，所以我觉得从这个层面上来讲，我觉得他娶了一个好老婆，能够帮他去……

许：因为他的爱人，维多利亚，让他从一个单纯片面的球星有了他爱人的时尚元素，让他变得更加丰满、更加立体。所以那个时候，他可能是一个真正的巨星，无论从竞技场还是从商业角度，他都是一个特别特别厉害的人。

罗：对，所以我们现在看小贝的话，实际已经不是看他的足球，而是看他作为时尚一面的各种代言，就是他怎么样才叫帅、怎么穿衣服才叫时尚。所以我听说神州租车，他去拍小贝的时候，不用拍，我把我现有的图片拿给你，你拿去用就好了，他怕你拍砸了，所以可能会有这样的担心。

李：这倒是一个特别值得聊一下的对比。因为我们公司之前服务神州租车，当时是没有代言的，然后不知道你们有没有印象，当时地铁里面大片大片的黄色广告出来，我们那套创意特别成功，真的一举把神州做成了中国第一的租车品牌。没有代言，用很创意的方式，用单刀直入的方式做的。我们后来就没做这个客户,之后就用了贝克汉姆做代言。那贝克汉姆做代言,我觉得策划还挺好的,就是贝克汉姆捐了一辆车给基金会,然后神州租车相当于拍卖了这个车。在后面广告和其他方面的营销可以看出来比较乏力,现在机场还可以看到一些广告,基本上一张脸印在那儿了。这个人物和你的品牌、你的业务、你的顾客之间是没有关联性的,就是用他的脸,可能是明星代言里面最基本的一个方式。但是捷豹用贝克汉姆就不太一样了,因为两个都是英文的某种符号性的东西,根里面的契合度特别高,还能够挖掘贝克汉姆身上的很多东西,这些东西不单单是靠一个平面广告、一个电视广告出来的。

罗:是很立体的。已经把这个事情的效果、影响做出来了。

李:对,其实某种程度上,我们在重新塑造贝克汉姆这样一个真实的形象,我们大家说帅哥、奶爸什么的,其实是指这个人的品质。

罗:一个神州租车,从名字就这么有乡土气息,请贝克汉姆,可能真的是人家火,所以我用人家一下。

明星的光彩会遮掩了品牌

李:你们年轻人喜欢苏菲·玛索吗?

罗:她上了春晚,跟刘欢站到台上的时候,让大家又唤醒了对苏菲·玛索的印象,再回到的就是她和DS的代言,也会得到一些正面的反馈。另外一点,我觉得还很重要的就是中法建交50周年,让中国现在更加关注法国,同样还有法国的品牌,或者法国的明星。所以请什么样的明星,然后在什么时候请,这可能都会有一些节奏上的东西需要去把握。

李:我个人觉得苏菲·玛索这个代言还是蛮成功的,但是也有它的缺陷在。因为DS这个车我很了解,除了时尚和很现代的外观之外,操控性、灵动性还是挺高的。苏菲·玛索毕竟女人味特别重,我觉得有点过于强调了一些设计美丽、优雅这些层面的价值,其实这个车也有它的一点男性化的东西在里面。操控这些东西,可能苏菲·玛索这个形象不太容易带出来,所以我希望它在一两年之后，作一些修正、补充，用其他方式能够把这个……这个车也是很好开的一个车。有时候请明星代言，明星的光彩会遮掩了品牌和产品，这是经常会出现的问题。中间这个度的拿捏很重要。

罗：是不是门当户对，神州租车，你配上小贝，我就觉得小贝的光彩会盖过它，但今天如果是捷豹的话，两个会更匹配一些。

李：我觉得明星代言只起了某一些方面的作用，其他方面比如车，还有很多性能什么的，还有消费者体验，不见得非要靠知名度和眼球才能带来。应该讲立体营销，别太迷信和太依赖于一个明星代言，要不然你成也是他，败也是他，这是很危险的一个事。

明星代言也有"风水论"

罗：你说到败我想到了成龙。

李：成龙可能有点宿命在里边。

许：所谓明星成龙的宿命，如果您是广告商，还会敢再用吗？

李：我觉得成龙经常被用得不好，因为他是太大众化的明星了，老少咸宜，所以一些特别大众化的产品用他，然后老是一张脸，说同样的话，也不知道为什么，反正就是都认识他，但是他代言的东西也不见得都买。

罗：我觉得很多科学方法都解释不清楚成龙代言的这件事情，因为大家把成龙代言的那些品牌都数出来的时候，多数已经不在了，当然现在佳能还挺火的。

点评优质明星广告

罗：作为广告人来说，经常也会去看一个品牌、一个产品请了代言人之后，它的广告是怎么做的。实际上一方面可能就是一个制作周期，刚才您讲的就是捷豹请小贝，时间已经这么长了，但是它的广告一直没出来，我想一定是在精雕细琢,想做出一个很好的创意来。但是比如像李代沫这样的,可能今天火了,明天就强行凑一个代言广告出来,所以完全谈不上创意。对于我们来讲,当然希望你请了一个代言人,把这个创意做得更加好点儿。我想问一下两位,你们看到的明星代言的广告里边,有没有觉得创意非常好的?

李:我先自我夸耀一下,我有一个工作经验吧,我特别喜欢的,可惜没有太大的传播。当时大众汽车的途锐,途锐现在很有名了。当时上市的时候,也就是在2002年、2003年的时候,我给客户一个策略,请王石做代言。

罗:当时没有Jeep?

李:后来才有Jeep的,其实王石代言商业广告,差不多是从大众那支广告开始的。客户不知道谁是,德国人嘛,谁是王石。我们把他的各方面挖掘出来,他当时在登山,还处在上升阶段,还没出来后面的那些事。代言的片子拍得很好,我们最长一个版本达到6分钟、7分钟。我们带着王石去丽江、去西藏,拍了大约3个星期的时间在外景,除了车子在那些大山大水里面的一些表现之外,其实非常注重王石内心的一种心灵追求,他对完美的追求,对自己目标的追求。拍摄这个东西,然后也融入了一些文化元素,那个导演叫钟梦红。

许:他当时用很多电影语言、思维的方式,表现很多心灵之旅的东西。那个片子非常好、非常震撼,特别打动我。但是播出的范围比较窄了一点,我一直觉得那个挺好的,大概把王石这样的明星或者名人内心最深处的东西挖掘出来,他的精神层面的东西和产品的结合度非常好,这是比较高的。第二个层面,我觉得最近益达那个桂纶镁和彭于晏他们演出的一系列广告影片蛮好的。为什么呢?这两个所谓的明星不是真正的明星,他们在广告里面只是演员,他们是有角色的,他们之间是有故事的,不是一张脸出来看说这个口香糖如何如何。这代表明星代言的另外一个层次,把他们当演员,我们在广告公司运作的时候,经常会这么去想。最不济的是把他们当一张脸来用。

天价冠名到底值不值

吴林
中视金桥国际传媒集团
媒介策略中心总经理

赵一鹤
易合博略品牌咨询公司
董事总经理

刘桀
奥美RedWorks设计总监

刘：我们来聊一聊企业天价冠名的事，比如加多宝冠名《中国好声音》。

第二季节目传播方式更加成熟

赵：通常对于很多的节目冠名商来说，基本上都是要去冠两季或者三季，形成这样一个连续性，你如果说第一季冠了，第二季不冠，那可能会造成是不是企业不行了，或者这个企业是不是对这个节目的预期不好了等等的印象，所以你冠名的话本身第一季就捡了一个漏，第二季才是回归到真正的价值。

吴：刚才赵总是从品牌投放价值这个层面上和栏目的内容上作了一个分析，我就从消费者跟媒体属性上来分析一下加多宝冠名《中国好声音》。很多人都在谈加多宝冠名第一季有捡漏的嫌疑，但实际上这个团队在背后也是做了很多的功课的。因为我们说现在冠名节目首先如果能够火，价格值不值，它有一个关键点，第一，观众属性是否稀缺。比如说这个节目刚开始，那观众追的概率会很高。第二，这个媒体的联动性，实际上你说从7000万到2.3个亿值不值？从一个点上很难衡量，从稀缺性来讲的话，虽然说它有相关类似的竞争节目，但在那个时候，实际上《中国好声音》它是一枝独秀，所以这个属性基本上观众可以去弥补。其实细心的朋友应该发现了，第二季它的台网联动非常好，也就是说浙江卫视它在全时段的补点，包括跟门户网站的合作。你看第一季它没有类似于像"门徒"那样的片花，第二季它有"好学员"。这样的话，其实它前后的一些节目就有联动性了。

刘：这种是增加其他媒体的推广范围吗？

赵：对，我觉得这可能是节目组运作节目的需求，也可能是冠名商本身他的需求推动。刚才吴总讲到的《中国好声音》第二季网络传播的整体趋势跟状况，正好我这儿手里有一份一些电视栏目在互联网上影响力指数的报告，比如说网民的关注度这一块，整个《中国好声音》第二季达到了47000多，媒体发布的、微博的提及量基本上8000多万，更可怕的就是视频整体的点播量，17亿的点播量。这样一个整体氛围，不管是对于冠名商而言，还是对于这个节目本身而言，都会形成一个二次传播跟推波助澜的作用。

吴：在当时有一个网上流传的口号，借着赵总这个数据，"这个夏天只属于加多宝，只属于好声音。"就是因为社会化媒体的互动性，成为一种开花式的分布。

刘：**这个是第二季的时候。**

吴：其实我们来监测第一季的时候，第一季整个的数量包括整个的指数跟第二季相比可能差别比较大，第二季要多得多。那有可能是第一季在操作的时候，电视栏目利用新媒体、数字媒体的传播其实也还没有那么成熟。第一季做完了以后，它尝到这个甜头了，第二季其实它有一个很重要的成熟度，第二季拥有一个比较成熟的传播的方法。

赵：而且第二季时势造英雄，第二季的时候正好是微信大火的时候，所以联动效果很好。

刘：**所以到第二季，如果说Social上都已经做开了，那其实就等于是消费者在帮它做个人的口碑的推广。**

吴：圈子、口碑，而且有一点，我作为一个观众来看，第二季有一个特点，就是第二季的重播跟首播挨得特别近，等于中间隔了半小时，立刻就开始重播，实际上这个时候因为我们都是媒体人，像主持人，下班时间早是很难的，但基本上是赶到了首播的尾巴，然后又逼着我看重播的开始，这样的话实际上本身重播的收视率也很高，所以它第二季的运用方式，就电视这个角度来说比第一季成功很多。

天价冠名背后隐藏着很多隐性资源

刘：**其他几个，《一站到底》还有《爸爸去哪儿》，也都是一到第二季冠名费就暴涨。**

赵：《爸爸去哪儿》本身它的价格增长，就是10倍的增长，初期的时候几千万，现在三点几个亿，有时候我们评价说涨得那么高，是不是真正值？其实我觉得还是要去看数据，值不值不能简单地用钱比，数据里面也会有呈现。《爸爸去哪儿》微博的提及率是7000多万，整个12期做下来，视频点击量的总和是21亿。21亿对一个品牌的冠名商来说，等于凭空增加了21亿这样一个曝光，所以我觉得这样一个价格的差，我们不能简单地去量化。

刘：其实就拿这个量化也不错，21个亿平摊，按照到达率的成本来讲。

吴：而且还有个细节，这两天我们正好跟《爸爸去哪儿》的剧组在合作、在谈，有很多植入性地谈。我觉得第二季，通过第一季之后已经有了自己的粉丝了。第二季当中，我们不能单单只是关注它的价格，而且看到了，去年第一季《爸爸去哪儿》，湖南卫视它是举全台之力，金鹰卡通从早到晚都是这个节目，今年赞助商掏这么大的成本，比如像在芒果网，还有整个湖南卫视，互动性跟话题性要比第一季更成熟一些。

刘：但是这个《爸爸去哪儿》毕竟涨的幅度已经10倍了。

赵：对，但我觉得你可以去看现在的冠名商伊利最近的一个广告，用了三组父子来做。如果说单纯从代言费的角度讲，你想象这三组父子的代言费得多高。我觉得这样的呈现，肯定是跟节目组有一个协议，是说在第二季冠名之前就可以去用我第一季的形象。其实我觉得节目组本身给它的整体的回馈，用一个简单的数字是没有办法去做的，它把整个节目的资源都用了。整个节目的资源可能包括比如说我可以授权给你，比如说两组、三组甚至四组父子、父女的一个形象去用，比去花钱请这些人花得少。其实我觉得本身它在这季没有开始之前就做的这些大量的免费的宣传评估一下也值了。

冠名是一场卡位战和心理战

吴：现在咱们都谈内容营销，其实品牌关注的内容恰恰是稀缺的，而且你要考虑到所谓的品牌卡位、内容的属性和稀缺性。比如说《来自星星的你》《爸爸去哪儿》。内容的稀缺性要求品牌的卡位，比如说像美的，它跟《最美和声》的卡位，假如像家电日化跟快消，这些大品牌它们不去卡这个位，比如说另外一个家电巨头把这个位卡上了，那在这样一个营销靠内容支撑的年代，突破就变得很难。

赵：这个我们在去跟客户去决策是不是冠名的时候，也是一个很重要的影响因素。如果说同时存在两家竞争对手，我们不做，有可能另外一个竞争对手会去做。这样的损失对整体的市场竞争来说，我们觉得不是说多花几个钱的问题，有可能在整个的市场热度都会落于下风，包括比如说伊利冠名，蒙牛怎么办？蒙牛只能是走一些其他边缘的新栏目，然后去做。

刘：再找别的栏目。

吴：包括品牌覆盖到的消费者层面，举我个人一个最典型的例子，这个不是做广告，实际上确实存在，因为《爸爸去哪儿》它的受众其实是家庭受众，尤其是老年人，就挺有意思。尤其像我们这种北漂一族，父母都在老家。我母亲看完这个节目之后就给我打电话，她说如果你春节回老家过年，能不能帮我买一个这个牌子的电饭煲，这个时候我肯定得听母亲说的话，这就是一个品牌的联动效应。这其实也是考虑的元素之一。

刘：但是他们这种冠名，看起来还有很多其他品牌也受益，比如说《爸爸去哪儿》之后，台湾的林志颖他儿子就开始在电视上频繁出现了。

赵：我觉得冠名商肯定是第一受益者，评估的时候我觉得有很多种方式，有时候一个栏目可能为了扩大整体的收益，有冠名商、有赞助商，有可能还有其他的比如说一个栏目可能同时会有两三个其他的。如果说冠名商本身他做的二次传播不太合适，可能那些出小钱做联合赞助的能够获得整体节目的效应。所以包括里面有些植入的感冒药，甚至是吃的喝的，有可能那些冠名商通过二次传播，通过这些形象的巧妙应用，获得的整体收益比单纯地做一个冠名来得还多。所以我觉得冠名只是整体传播的第一步，你怎么能够借助冠名的品牌曝光做二次传播，做整合传播，做线下的推广结合等等也非常重要。

冠名三大战役：伏击战、心理战、延伸战

吴：企业做冠名，要打三大战役，要打伏击战、心理战，还要打延伸战。归类起来就是说从消费者心理战、消费者的暗示，刚才咱们谈的一些案例，到市场上对手竞争方面，伏击战，可能卡位上伏击就成功了，比如暑期促销。延伸战涉及了多种媒体本身的联动性。所以这三大战役如果你打好的话，你就不能单纯地只看价格了，可能觉得价格高，但是有人觉得它价格合适。比如前几年谷歌收购摩托罗拉的时候，大家觉得价格很高，但大家仔细分析之后，会发现谷歌它是拿一部分股权来对冲的，同时它购买的是摩托罗拉几十万的专利权，实际购买的只有将近6亿美金，虽然当时溢价已经过了几十亿了。但是回过头再看联想，从谷歌手中去买回摩托罗拉，你觉得这个价格是高还是低？那取决于适不适合联想目前的战略。如果它把这个买过来，在它的角度上是适合的，那我们衡量的纬度就发生了一个变化，跟冠名是一样的。

冠名要拓宽栏目内外的设计

刘：冠名还有很多执行层面的技巧，咱们说说《最强大脑》，它冠名的赞助商好像看不到特别有创意的表现方式，但加多宝那个，让主持人念那一串，记忆点完全不一样。

赵：我们在冠名的时候都是可以去设定的，所以说获得了冠名只是企业节目、栏目运作的第一步。怎么能够在节目当中有更多的暴露，比如说口播、角标、观众牌、现场，甚至比如《最强大脑》，为什么不会？有一期说外地的一个嘉宾在上面比赛，亲友团不能到场，用某品牌的手机打电话联系。其实这些方式都是需要去设计的，如果单纯地说我就是做了一个冠名，没有在里面进行设计，整体的传播效果可能会大打折扣。甚至比如说核桃乳补脑的一些产品，里面就搞一个"最强大脑热线"，现场增加一个小的观众挑战的节目，我觉得这不是一个固定的模式，关键是你能不能想得到跟节目组或者跟电视台去谈判。

刘：要拓宽栏目之外的一些传播方式。

吴：刚才正好谈到手机连线，恰恰有两期给我印象最深，一期是金立手机，那期有三个植入的亮点，观众席上就有一个大叔站起来，主持人说大家现在手机谁还有信号，前边很多年轻人用的iPhone没有信号，然后那大叔说我这有信号，是金立的。这时候镜头给了一个特写，立刻又拉伸，他在整个台上摆了100多部金立手机，还专门为测试手机触屏敏感度设计了一个障碍。

不冠名也可以巧妙传播

刘：**涉及栏目里面，参与的嘉宾、明星们又可以当代言人，从技术层面来讲，现在好像这种模式还没有过。**

赵：对，我觉得有时候可能还是一个企业判断的问题，这个嘉宾进去以后，这个嘉宾会火、这个栏目会火。但我觉得有这种情况，比如像《最强大脑》里面请了周杰伦的那期，他代言的雪碧，当中可能投放广告了，贴着代言人进行广告投放的这种模式还是有。

刘：**这种组合其实挺传统的。**

赵：对，因为还是能够在现场引起观众的二次注意。

吴：其实你说第二季，除了加多宝以外，还有很多品牌是被大众消费者记住了，就像百雀羚，就用最传统的方法，密集的这种硬广，每个插口里边都有广告。它虽然花的费用没有冠名那么高，但它实际上也让大家记住了。

赵：它的关注度网上有一个调查，它整个的网络关注度还是排在前几，基本上跟冠名商差不多。

吴：所以你不能单纯地说这个传统、没有效果，关键看你怎么去搭配，而且在自己的官网搞一些促销活动，更结合你产品的属性、营销网络，这样的话其实就是借助高曝光获得一种高的体验，这样就联动起来了。

刘：**这个符合您讲的伏击战。**

吴：就预埋，然后包抄上去。

刘：电视节目一上，这边就启动了，打竞争对手一个措手不及。

冠名整合传播两个原则：主题性、话题性

赵：整个冠名围绕的整合传播原则有两个：第一个叫主题性，第二个叫话题性。第一个就是怎么能够围绕这些主题实现线上线下互动，第二个叫话题性，能够让我们参与。冠名商，比如说像加多宝，可能第二季的时候就可以用一些学员，每个学员的性格、每个学员怎么去讲，它都会在节目一播出以后，在微博、微信里面都会去推送，同步自己去做。因为节目本身它是录的，录的它就有一段时间能做一些海报去把这些学员的形象、性格展现出来，那这样的一个二次传播本身对这个品牌价值的提升是有益的。

刘：它是一个几何增长的，这些学员通过这节目，个人的粉丝量也大增，他们再来帮企业去推广。

吴：这当中其实有一个品牌，大家都知道它是用粉丝经济的，就是凡客。之前夏天大家在户外和网上看到没有，就是《中国好声音》学员刚刚入围的这十几个选手成了它的代言。这样的话，其实就把这种粉丝经济给它分块化，然后再聚合。实际上它体现出了这个品牌如何借助粉丝经济，跟节目本身的观众属性形成一个联合，这也考验企业最开始的判断力或者反应速度。

刘：咱们做这些企业跟栏目结合的冠名，你会发现有一些品牌跟这个栏目特别吻合，甚至觉得这栏目就是为这产品做的，有一些人就觉得好像生拽到一起的。

赵：赞助跟冠名它肯定有一些原则跟标准，最高的标准，就是品牌的价值、个性跟栏目的价值、个性完美融合，就像刚才说的。第二个就是，节目的影响力能够带动品牌的影响力。第三种就是节目的影响力可能跟品牌的影响力相互去促进。第一种模式当然我们觉得这是冠名的最高境界，我们去筛选冠名的时候一定是这样的，这个节目本身它的调性，表现出来的是积极的还是消极

的，是奋进的还是进取的，是抑郁的还是欢乐的，一定是有一个品牌的调性跟节目调性的契合。其次，如果节目的调性不契合，那群体契合也行。如果说真正能够达到最高境界，那我觉得可能会很完美。当然，如果说这个节目本身比如说像立白冠名《我是歌手》，这个好像契合度不高，但是我们用两个东西去卡，它的影响力在那儿，这种影响力可能带动品牌的影响力，有可能是一个群体，看这个节目的群体有可能是年轻人，有可能是家庭主妇，群体的契合性也是评估冠名的一个很重要的因素。

刘：当时我们看立白的时候，也觉得很奇怪，这两件事有什么关系？后来慢慢发现它的品牌偏老，如果想让年轻人知道它，也是一个相对快的办法。

预算不充足可巧借隐冠名

吴：我们现在也在衡量一个新词，我们说显的冠名，就是明显的冠名，还有隐的冠名，这在国际大品牌当中是非常被人津津乐道的，比如奥运会的冠名商，饮料里边就是可口可乐，百事每年都要打擦边球。世界杯到了，啤酒里边主冠名商肯定是百威，嘉士伯每年也会做隐性的冠名活动。

其实在行业当中还有一个品牌做隐性冠名做得非常出色，就是苏宁，苏宁易购。它后来更名为苏宁云商。为了让自己的品牌更加年轻化，它用了一系列的组合拳，其中有一点，在第二季《中国好声音》开始之前，沿用了第一季《中国好声音》的一姐，吴莫愁，做了一系列的冠名、活动和代言，包括去年的双十一大促，恋爱篇在网上引发了热点。而且你会看到第二季当中苏宁它非常讨巧，用自己冠名代言人在那个插口里做广告。其实这种方式我倒觉得既讨巧也能够在媒介预算不是那么充足的时候，可以尝试一下隐冠名。《中国好声音》如果让你来挑，可能就是吴莫愁，她可能就等于《中国好声音》。第二季的比如说蘑菇头李琦，他可能也是等于《中国好声音》。这样的话在代言人跟节目本身可以画等号的时候，在后边再加上一个品牌，这三者之间是不是形成了一个隐冠名的运用？

赵：我们如果说看数据，来看江苏卫视新出的《非诚勿扰》跟韩束的一个数据的匹配性。它在去调查的时候,说韩束与《非诚勿扰》关注人群在兴趣、区域、年龄方面高度匹配,这是第一句话,这个报告的第一句话就指明了说我的群体的匹配性是不是一样的。第二个层面上可能就是品牌的价值跟节目的价值这种匹配性。这都是我们评估的时候很重要的一些核心的标准。

刘:我们能发现,韩束以前大多数人并不知道,你说加多宝可能还知道,它只是让自己借助这个更热。韩束这种,它借这个品牌的契合度跟节目绑定,好像一下子变成一个一线品牌了,或者是接近一线了。

冠名需要整合营销

刘:如果企业做冠名,除媒体的应用、节目的制作之外,从营销和销售层面,两位老师觉得会不会给企业带来更直接的改变?

赵:我觉得节目冠名跟整个的软性植入,应该是整合性地运用,不能单独应用。比如我们拉到2005年,蒙牛冠名《超级女声》,它基本上说是1∶5的投放费用,投入了1,然后5的线下推广。对于企业来说怎么能够在线下推动整体的销售,如果说我们在线上去做了整体的冠名,线下可以搞活动,可以搞促销,可以搞赠品,可以搞一切的东西,有一个源头能够让你去玩了,单纯的硬广是没法玩的。

刘:而且像吴总说的,埋伏好了,是可以对销售有帮助的。

吴:这里边有个数据,跟两位分享一下。刚刚谈的隐冠名,伏击战打好之后,后边延伸战也就好打了。我们跟苏宁进行了一个深度的沟通和了解,它在《中国好声音》期间,两个拐点,一个是《中国好声音》,一个是双十一,当然它跟另外一个某大品牌之间还是有差距的,但是,它整个地由消费者关注媒体和关注代言人,比如关注吴莫愁,推这个活动配合线下促销,线上销售额也增长了将近60%,这个额度是很高的,而且在几大品牌当中凸显了出来。

刘:企业花这个钱还是值的,但是企业其实首先自己要做好准备,能够为营销提前整合推广。

吴：首先时间的规划，项目本身的测评，以及你自身营销的契合点。比如像每年各大卫视包括央视，都要在当年的10月份搞第二年的营销。实际上像我们包括赵总都很了解，行业一般在每年的4、5月份就为客户去规划埋伏战，谈明年的事情，如果说看这个项目好，这种跟随性策略，我认为是胜的。因为你很多发力点不够的话，你的音量越强，对你流量、营销的压力反而是越大的。消费者看到他买不到，其实是很痛苦的，买完之后没有一个地方集中地去分享、交流，这其实也是很痛苦的，所以这几条线是同时都要有的。

刘：要做整合的储备和推广的准备。

赵：是。

广告圈的资本故事

张璐

氩氪互动董事总经理

刘阳

琥珀传播CEO

郑晓东

上海聚胜万合广告公司总裁

广告圈资本变动频繁，收购、兼并，成败几何

郑： 我们接下来都是利欧集团的一部分。那么第一个问题，吸引我们最后合体的、比较核心的因素是哪些？

张： 其实我们在之前谈过很多种方法，在去做更多合作的过程当中，我们想得相对比较直接一些，我们有很多不同的考量方向和目标，我觉得我们这一次可以合在一起变成利欧Network。其实我们最看中的是未来的一些情况，因为之前是没有一个参考值的，因为之前它也并不是围绕着数据营销方面来工作的集团。那，对于我们来说，相当于是我们来发起、共建这样一个生产圈。

刘： 有一个很小的事情，当时对我的影响挺大的。我从来没有跟你当面讲过，但今天我想提一下。当时在你们被收购之后，微博上有我们都认识的一位朋友在问你，说MediaV被一个水泵集团收购了，看不出前途在哪里，我记得你当时回答得很好，你记得你怎么讲的吗？

郑： 我大概记得，因为我觉得不一定只有4A在利用模式，我们希望用自己的力量能走出我们中国营销圈的一种新的模式，我们可以把中国最优秀的公司有机地整合在一起。大概是这样一个意思。

刘： 是，这段话挺触动我的，但我们也是跟一些4A的集团，包括其他的一些各种各样的机构谈了很久。我们觉得，可以做一些尝试啊，让这个行业里面有一些不一样的可能性。

郑： 对。那么第二个问题就是你觉得我们这个事情公布了以后，从公司员工以及外部环境方方面面来讲有什么大的变化？我们有些什么心得体会？大家介绍一下。

张： OK，我觉得这两个多月来给我们带来最大的变化在于，还是分为对内和对外。那对外，我觉得更多的是可以看得到客户的一些疑问和想法，甚至还会有客户说，哇哦，原来有更多的机会了。那你是不是可以变得更大、变得更好？我觉得可能会分为两个方面，有一些时候客户会担心，以前你是一个独立的个

体公司，你操作很灵活，你有很多触动的方式来帮我们，去很快速地起到一些不同的化学反应，帮助我们去达到很多胜的、赢的一面。那现在被收购，你变成A股的上市企业，你有各种的条条框框，他会担心你这样的话是不是阻碍了跟他反应的速度以及跟他产生化学反应的一个模型和模式。这一点呢，其实也有蛮多客户会有这样的一些想法和担心，但是我现在发现大多数的客户，特别是中国本土企业的客户，也越来越希望、愿意跟我们产生更多合作的可能性，他觉得上市公司可能更加有信任感，他会觉得更安全，这是对外的一个层面。对内倒是蛮有意思的，就是让员工发现了，好像一夜之间变成了上市企业的员工，不像以前我们还是偏向一个创业型的公司，最初像我们前两年偏向一些Studio方式，感觉可能是更快的节奏，更拼了。现在变成更加大型的公司的成员，会觉得更加有归属感，我在为中国的一家上市企业工作。成就感可能会更加强悍一点，当然也会有一些大家的思考，在说会不会发生一些变化？会不会以前有的一些奖励机制、鼓励机制和一些奖惩措施也会发生一些条条框框的变化？这些我相信可能需要通过后期我们一起的努力让大家有更好的工作环境、工作氛围和工作想法，我觉得对内对外都会有一些不一样的变化。

刘：有件很具体的事情，当时我们合并完的时候，肯定是要跟客户通告嘛。其实客户，尤其是面对中国这个比较复杂的市场，他是需要比较完整的服务，所以呢，当我们去跟客户解释说，我们这个变化给他能够带来什么的时候，大家还是非常地认可，当然也会有一些对我们未来的稳定性的考虑，或者说你们之后还是不是自己来掌控整个琥珀的局面。但我会告诉他，我们在前面沟通里，这是一个比较基本的问题，我们在后面的经营里面肯定还是像以前独立经营、服务，多的就是说我们从底层打通了相互优势的互补。所以跟客户解释之后，大部分客户对这件事情表示非常开心，给我们写邮件表示祝贺。然后说后面可以试着在其他方面进行合作，就可能跟我们之前整合的模式有一些关系，因为通过这次合并，实际上我们是拓展了整合的范围。另外对内的话，中午的时候，我的HR就过来跟我说，说你是不是赶紧发一封邮件出来，因为大家好像都在讨论这件事情，所以到了下午一两点钟把这个邮件发出去之后，有很多同事在微博、微信上晒这条消息，很开心，说成了这个上市公司，对公司的前景比较看好。

张：其实我还蛮好奇的，像我们这样的公司，人员怎样可以结合在一起，更加Mix在一起，产生出更多的化学反应，比如说我们各自有不同的培训体系，双方是不是有机会结合在一起，甚至是不排除像有一些员工可以互相穿插着去体验不同的……

刘：当然，这是必须的。从模式上讲，我肯定会避开你最厉害的部分。

张：比如说我们比稿，从来没有碰到过。

刘：所以在这个里面，我们是想优势互补。我相信这也涉及前面讲的话题，就是在整个并购或者资本运作里面，为什么是我们三家放到一起？行业里那么多公司。所以呢，在这种快速的增长里面，还是应该有一个逻辑的，每个公司进来它应该是扮演不同的角色，它在一个完整的产业链上去互补，再进来的兄弟伙伴、兄弟姐妹我们想的也是，应该是在我们原有和现有的服务模式上面，他有一些我们做不到的或者说他可以做得更好的东西。

郑：其实从我最开始找两位的考量也跟前面Amber讲的是一致的，我希望我们这个集团以后打造一个完整的生态链，每家公司都有自己的基因，就像Amber是创意出身的，对吧？一直是从创意这个思路去营造公司未来发展的方向，那我的出身可能是媒介，是技术，那让我拥有创意的能力，让我拥有创意思维其实是件非常难的事情，只有大家整合在一起才可以更快速地满足客户的所有需求。所以从这个角度来讲，我觉得其实像我们三个都各有特色，对吧？甚至我相信未来加入的也会更有特色，我们首先把自己的特色做到极致，然后接下来我们考虑的是整合，对吧？

张：除了刚才这个员工之间的换岗之外，其实我更在乎的是……

郑：把这些想法抛出来，我们来一起讨论一下。

张：我发现在某些营销集团，比方说什么安吉斯，比方说阳狮，它们其实都各自有好多家的公司在进行整合，因为当时它整合了很多公司，每家公司做得非常出色之后，它就可以出很多形态报告，这种报告的形态当中它就可以完全去深耕某一个环节。我们三家公司做的客户大多数都在这个City，都差不多的类型。那是不是我们可能在事后深耕了某些客户之后，发现当我们对三四线城市深耕得很厉害的时候，那这种三四线城市的信息的白皮书就有可能是我们来一起操作，来一起规划，把发现的一些信息给到更多的中国企业。其实我们在这个领域当中是非常专业的，那这一块肯定是集合集团的力量去整合。

郑：我们有大量的数据，但之前很少接触到广告主对消费者的通常需求，我觉得可能结合你们对广告主的这些需求，结合我们目前现有的数据，可以整理出一些东西，推动这个行业的发展。

刘：这是我们现在最需要的，我们说是数字创意公司，但是这么多年来，其实我们做消费者的理解，还是很少会轮到这个Big Data。比如说我们最近接触到一个客户，其实没有进一线城市，但它可能是中国服装品类里面销售的第一名，它可以做到这一点。所以中国潜在的市场非常大。当然我们这么多年来在服务品牌时积累了很多的经验，这些经验可能有助于我们为一些本土的客户服务得更好。但是我们需要更多地去了解，真正地了解这个市场，可能需要的就是刚才讲的，各方面的数据积累。还有为电商服务，我们知道京东、一号店全都是你的客户，对这些客户的一些积累可能帮到我们在这方面做得更好。

张：对于我们来说也是一样，除了服务的客户之外，像京东，我已经开始对你有强烈的需求，除了在做Innovation，我们也开始帮助客户做很多营销体系的规划。所以我觉得这些真的是一个很好的模式，我们把整合的优势资源做得越多，才有最大的机会把我们的集团做得越大。

刘：我要谈一个很有意思的点，在创新的数字营销或者我们叫Innovation的这个Communication里有一些很好玩的东西，因为之前我们两个也反复聊过，包括我们跟云南白药接触的时候，聊过一些非常有意思的产品创新方式，产品创新跟数字营销结合的一些方式。那么现在这些点呢，我有一天可以给Group贴一个标签，它不光是一个数字营销的Group，可能我们还是互联网产品研发的专家。那么这件事情在做的时候，就相当于说，我们是广告公司的背景，我们做了这么多年都是在帮品牌做嫁衣。我们很熟悉品牌，也很熟悉消费者，所以在互联网产品的研发专家里面,我们是要贴一个引号。并不是我们自己去变一个品牌,而是为品牌去开发,以品牌为背书,在理解品牌的基础上去做一些新的互联网产品,这些产品可以解决这个品牌跟很多不同的消费者沟通的事情,可能是在不同的市场,有可能在不同的年龄段,来沟通的这样一些事情。所以这些东西本身来讲,就是广告。云南白药几个具体的例子,我觉得Aaron可以给大家讲一讲。

张:云南白药众所周知,都知道是中国第一大药企,也是上市企业,那在这个过程当中其实云南白药有更多的创新。可以看得出,它并不是一家百年的老品牌,它其实有创造出不同商业信息的价值。那在这里的时候我们就在思考怎么样可以把云南白药有特色的一些产品带动出去,比如说云南当地特产的螺旋藻。我们做过研究才发现,原来全世界天然产螺旋藻的湖泊只有三个,墨西哥湖、非洲的乍得湖和云南白药的程海湖。前两个湖很不幸,上个世纪全部干枯了,所以就不产天然螺旋藻了,其实只有程海湖产。那我们会发现,其实市面上的螺旋藻产品千奇百怪,甚至广东地区也会产,材料来自于养殖的螺旋藻,并不是天然的,它这么天然又有机的螺旋藻只在云南程海湖有。那像这种产品呢?我们怎么样去思考?通过互联网把产品扩散出去,不要只有当地知道,甚至不要只让螺旋藻饮食的人知道。举例来说,我当时刚刚接触螺旋藻这个产品的时候,我根本就不知道螺旋藻是干吗的,是增加免疫力?增加什么植物蛋白?还是增加纤维素?可能我觉得两位也都不太会吃螺旋藻,我们好像没有这个需求嘛,它能治什么病吗?也不会,它就是一个保健品,增强你的免疫力而已。那我们在思考:这样一个看似多元化的功能,其实就是单一化的模式的产品,怎么去做互联网的行销。于是我们就帮助其开始开展一些方式,比方说我们可以塑造出一些社会话题,到底螺旋藻应该怎么吃?螺旋藻有一百种吃法,有可能把它变成粉后去熬汤,去打成果汁加一些螺旋藻,变成燕麦粥,变成能量棒,各种不同的类型其实它都有可能变化。消费者发现他喜欢,哦,很多人喜欢吃麦片,怎么会没有健康的更好吃的麦片形态呢?那我们也想是不是可以给他一款这个模式的产品。那品牌方案赶紧做出这样一个东西,满足消费者的需求。很多时候品牌会说,唉,我做一个产品出来怎么去卖,那是不是得回顾一下,当你做这个产品的时候,消费者是不是需要?

刘：我觉得是未来的模式吧，也就是说广告或者营销这件事情，主要就是增进消费者和品牌之间的联系。那么这个联系它是用什么方法去做的？现在已经不重要了，到今天为止是这个方法已经不确定了，已经从之前那个年代解放出来了。那么这个不确定的范畴继续扩大，就像刚才的产品。如果你能够通过一个方式影响到消费者跟品牌之间的联系，能够加强这个联系，甚至能够从某种角度催生他的行为的改变，包括产生一个积极的口碑，那就是一个很好的广告。

技艺篇

文案复兴还是死亡

晃优(高扬)
一起传播创办人

袁学智
IM2.0 华北区总经理

陈格雷
盒成动漫创始人

陈：我们来聊一下广告业最古老的工种——文案，其实最早的广告是没有任何图的，只有文字，所以我们聊一下在段子横行的年代，文案到底是复兴了，还是死掉了？

新媒体衍生文案新分工

袁：我觉得每一种技术本身就限制了表现的可能性，比方说像微博，这种表现方式限制就是140个字，所以我倒是觉得文案这个古老的行业在新时代里面有不同的表现方式，科技带来不同的表现方式，我觉得这是一个新的分工、新的状态。语言这个东西它没有死活可言，但是它总能找到一些不同的表现方式。

陈：这里遇到一个老问题了，就是有无数种诠释，但是因为它的控制权已经不在客户或广告公司手中，大家是自由诠释的，所以就变成你红不红你不能控制，内容出什么你也很难控制，有些是很好的，有些是不好的。你怎么看？

袁：我觉得段子流行的是模板，比如说像"凡客体"，我们就把它当成是模板，在这个模板底下网民用自己的聪明才智去填写一个能够代表他们心里想法的东西，我认为那就是一个文案。但是这个文案它已经不是以前我们说的那种凭空想出来的东西，可能更多的是我在套用一个规则，或者套用一个模板。像这两天流行的"走你"，那个东西我觉得它就是一个模板、一种表现形式，当大家都参与进来的时候它就变得很热闹、很好玩，文案也是一样。

易懂的文案更容易红

陈：所以就是说它红不红，其实跟它是不是文案也没太大关系？

晁：文案对于我们所有人来讲，我觉得它是没有门槛的，只有写得好不好。其实每个人只要真实地呈现出自己的文字风格，就很好。我觉得这是一个基础，就是大家都可以去写。所以我觉得文案复兴也好，或者是段子横行也好，是基于这个东西让大家更容易掌控。

第二点，你刚才说的那个，什么东西能够容易复制、容易流行起来，比如我们说《江南Style》，比如刚才说的"走你"，比如"甄嬛体"，比如说"凡客体"，你发现它非常简单，这个东西很容易懂，它不教条，你能做，我也能做，大家不存在差别。你会发现说完之后，我记住了，不需要再而三的传播过程。我觉得非常简单易懂，这是现代的，我们说的段子流行过程就在于说这个东西能不能很容易地传递给我们在座的每一个人。

现在文案出身更容易当总监

陈：但是落到传统文案的价值到底是什么？

晃：我觉得文案怎么"死"呢？第一个，广告来讲，我们做文案做很长时间，发现不需要文案，为什么？我们去送评一个奖，把文案拿掉，为什么？画面要传递清楚创意，我觉得这是第一个。第二个，在我们当年入行的时候，会发现创意总监都像美术出身的。但为什么说今天可能会活过来呢？我发现周边所有写文案的都混起来了，都成为总监了。

陈：真正的原因是什么？是因为大家更需要一个文案出身的创作总监？

晃：今天我会发现文案出身的更能够在提案的时候说服客户，他不是说服评委，文案是用来说服客户的，因为拿几个中国字说服一些国外的评委是毫无价值的。

文案的逻辑性强，更容易把控大量信息

袁：我补充一下。我觉得有两个原因是有趣的。第一个，我们虽然都是文案职称，但是文案舞台其实变大了，他需要掌握的技能和知识的结构也不太一样。现在有一个文青相机APP，上面就预置了好多标题，你随便拍一个照片，寂寞、相逢，配一个画面，它就是一篇广告，你完全可以用这个方法去复制或者处理大量的文案工作。但是这里面的内容怎么来？还是需要文案来协调，只是说我们现在文案呈现的阵地已经不再是报纸、电视，它可能在APP上，对文案的工作分工要求多了。另外一个是来自于客户的需求，面对这么多新媒体，客户

和我们一样慌,他们知道这个信息在分流。在这种时候,其实更需要逻辑强、对于整个传播里面的信息架构能够掌握得更好的人。

陈:你这个说得很对。也就是说文案本身更容易找到一个架构去打通,包括微电影,包括各种各样活动的东西。

文案变得更加"粗暴"

陈:我觉得除了更碎片化之外,真的是两大趋势。一个是模块化,就是各种"体";第二种就是搜索关键词,你的文章写得好不好,在于你有没有嵌入一些关键词在里面,这个变成了一种新的技术。

袁:对。一个很有趣的案例。我同样卖一个壮阳药,写法可能就不是那种帮助你什么大、粗、硬,可能更多的就是让你媳妇跳起来这种,抓床撕被单这种。

陈:标题党的东西。

袁:对。所以这种东西它其实占据了更多的眼球,这个时候的文案是先敲一个大锣,看过来,然后接下来我再慢慢说事情。

陈:而且文案更孤军奋战了。

文案变成了体力活

袁:刚刚说到我觉得有一个关键词很重要,就是"速度"。现在一些微博运营的人,他们每天不管是要发8条还是10条,基本上都是随机的,即时性的,可是这个即时性其实造成了文案工作上的一个新的挑战。

陈:说得残酷一点,它把文案变成体力活了。

晁:我觉得不光是体力活,原来我们还有工作和生活分开的阶段。你发现微博出现之后,要全天候盯着,比如说大号在发什么,什么话题能跟进去,突然间外边发生了什么新闻,我们怎么跟进去,随时随地都在思考这件事情。

陈：也就是说它不仅是让方案变成体力活，还侵入了我们正常的生活。

文案具有非常强的即时性

袁：不过也没有那么悲观。同样讲速度，我们来谈另外几个比较好玩的案例。举个例子大家都知道，耐克在奥运的时候做了一个"伟大体"，据说是把三家公司的文案跟这些策划人全部关起来。

一有新闻出现，它就立刻写标题，动手做稿子，然后微博做它发声的阵地。我觉得它是把所谓的文案或者是广告创作即时性推到了一个相当极致的状况。这个状况是不是常态？我觉得它挑战的不只是文案工作性质的改变，或者是时间的改变，而是改变了我们这个行业的操作流程。以前我们可能有一个月慢慢做方案。

陈：**而且还有审查，有创作总监，有AE修改。其实按照你这个说法，实际上就是事先客户和广告公司说清楚大概干什么事，然后剩下就是现场直接打了。**

袁：对。在刚才这个情况下，美术当然很难跟上，你不会有时间去拍片，或者是有时间做一些复杂的处理，所以在这时候，美术基本上变化了配图的动作。

晃：这也是文案重要性的体现。

新媒体文案，从先审查到后评估

晃：我突然想到一件事，类似于"我的前任是极品""我的初夜是传奇"，它好的一点在于它是投稿型的，它是全民创造，它不是一个人，你会发现每一个人去描写，它很千奇百怪，它不是一个人的写作风格，比如说现在比较火的"李铁哥"，很火，或者是"东东枪"都很火。

陈：**你刚才说到"我的前任是极品"，它本质上做的不是在为广告客户服务的文案，它其实是在做一种新型媒体方式。为什么它可以由大家来投稿呢？就像媒体，媒体本身不管《南方都市报》还是《新京报》，本来就是由各种记者、**

各种人的投稿组成的,所以从某种角度讲,我们可能应该把"我的前任是极品"这种当成是一种新媒体,包括冷笑话精选,它其实是新型的媒体方式,它做的事情是通过众包吧。

晃:接受商业合作。

袁:它本质是一个媒体,但是广告公司或者说我们知道商业的传播,它总是要有客户,为他服务。只是在这个服务的过程中,第一,即时性,我们有没有可能一天24小时都有人盯在上面帮它写,这是一个挑战;第二,当我在说到这个个性的时候,谁来把关,当我不能够用这么快速的作业方式,客户那边怎么把关。

陈:**广告可能会从事先审查变成事后评估。**

段子成为这个时代的伟大发明

陈:**我们在探讨文案时,不妨想一个很有趣的问题,这个时代最伟大的文学形式是什么呢?我认为是段子。**

袁:我觉得文字这个东西本身就在不停地演化,每个时代都有适合它的表现形式,段子成为一种时代的文化,我不觉得奇怪。

陈:**我的问题,第一,你认不认可,有可能段子是我们这个时代最重要的文学形式,因为它后面包括网络段子,包括赵本山、郭德纲,还有上海的周立波嘛,你认不认可?**

袁:我觉得是。

晃:我也觉得是。而且像你刚才说的,我们原来理解段子是稍微低一点的,但现在段子已经往上走了,它其实涵盖了相声、涵盖了小品、涵盖了脱口秀,涵盖了很多。而且现在你看我周边所有人,10个人有8个都出书了。

袁:不过就像奥格威老先生说的,他说不要小看你的观众。也就是说观众的审美或者是网民的审美,其实并不一定只有下三滥,高级的笑话或者是高级的段子其实也是存在的。我觉得这个只是你针对不同的受众，谁愿意看你的东西而去做自然的分化，但是整个表现的形式，我觉得是段子没错。

"作业本"等人可能会成为未来的曹雪芹

陈：所以在这个问题上，我们可以得出一个非常简单的结论，就是说也许200、300年之后，别人会认为我们这个时代的罗贯中、曹雪芹可能是"作业本"或"留几手"。

晃：我觉得两个人其实可以探讨一下，一个是"作业本"、一个是"东东枪"，因为他们是做广告出身，只是"作业本"现在不做广告了，但是像"东东枪"还在广告一线。两个而且还都是文案出身，然后在网络也好、在互动也好、在社交媒体这一块产生了相当大的影响力，但可能"作业本"的影响会更大一点，因为粉丝量在那儿。"东东枪"的粉丝量可能会稍微小一点，但是他的粉丝比较固定，你会发现广告公司的人写这个东西，他的方式跟传统的段子其实还是有差别的，比如说个性化、共性化，两个人就会呈现出完全不同的状态。

陈：我的看法不同，不是那个不同，我觉得我看"东东枪"的文章、微博和看"作业本"的微博，我就能判断出来，"东东枪"一定是一个在广告界比较成功的人写的微博，"作业本"一看就知道在广告界不得志。

流行文案的反商业性

陈：这个东西回过头来说，其实这个段子红，或者这个文案很红，它往往有一个很重要的前提，它必须反商业，我觉得能够既很商业也很火的，凤毛麟角。能够说出来的，无非就是小一点的杜蕾斯，猛一点的小米、凡客。

这一点是很危险的，我曾经有一个看法，如果有新的传播模式，它不能让50%以上的客户投入得到一些什么东西，它不可能成为一个成功的营销传播模式。文案性的营销，虽然有人成功了，但是大部分人投进去，那个水花不泛起来，结果就滑掉了。

微信与文案的新结合

袁：现在的传播不会只靠一个单一的工具就能突破，我们应该反问，现在还在广告公司的文案，他的去处是哪里？

晁：就是文案面对新的技术、新的媒体所产生的这种质变或者量变，它的变化的可能性在哪？

陈：微信的价值可能真的很大，甚至可能大过微博，而且我自己用微信的感觉更轻松、坦然、舒服，所以我们不妨想想，广告文案、宣传文案在微信上面会有什么新的不同，我们怎么做微信？

袁：我觉得微信其实有两个重点。第一，我觉得它更要像交朋友一样地来写文案，因为微信更多的是一对一的私密对谈，我今天有什么问题请教你，你告诉我。手机首先是基于兴趣的关联，我如果对这个事情没兴趣，我根本不会关注。第二，我觉得在后台操作的这些人的身份，会开始有一些有趣的质变。比方说文案跟客服可能会变成新的结合体。

陈：我说一个很残酷的问题，企业不应该或者不需要让广告公司来做文案了，那广告公司在干什么？

袁：当这一千个人、几万个人他们都在跟我对话的时候，你想想看后台的压力得有多大。如果我不能够全部用机器来解决这个问题，我势必要有人工的干预，或者是有更多的人力。这种情况下，像目前广告公司这种所谓的比较精英型的结构，它一定会被挑战。我知道很多客户他微信的后端是接到他的Call Center，这些员工事实上就代替了文案。但是提供的是什么？是真正有用而且能够帮得上忙的信息。

晁：其实微信跟旺旺有点接近，真的能够做到一对一沟通，比如说Friddie加我的微信，比如我是一个企业账号，比如我是碧浪，Friddie跟我对话，我可以用微信单独跟他对话。微信的价值在于它能够真正了解客户的想法，很真实。

陈：所以大家觉得这个文案第一更亲和，我感觉到了；第二，更加需要有内在的知识面。而且还有一点，我觉得微博有一个很大的问题，噪音太大了。但是现在比如像微信上面，它企业账号是受限制的，我自己的看法，碎片化可能会减轻一些，会不会？

袁：我觉得不会减轻，反而变得更碎。

戛纳"潜"规则

朱伟幸
JWT北京首席创意官

雷少东
180China总裁

杨石头
智立方CEO

杨：戛纳广告节是广告界的奥斯卡，所有广告人都希望在中间搏名争利，争得一块金牌、两块荣耀、三分自豪。

中国创意人如何进戛纳当评委

雷：我正好是2011年，作为戛纳设计组的评审参与这个过程。因为是一个英国公司在运作，每个国家会有一个代表来了解是谁比较合适参与这个项目，他每年都会在每个国家挑那么几个人，然后会把这个人的背景提交到总部去，有的国家是比较厉害的，这些人要到英国去找组委会。中国倒没有这样的礼遇，但是我听说他们每年差不多推荐四到五个人，最后去挑这个人是不是合适。我就是这样盲挑出来的。

杨：那有什么样的条件呢？比如说如果Polly去的话，你觉得她有什么条件？

雷：我也没有跟他们讨论得特别多，我觉得可能要有一些其他国际评审的经验，我自己的看法。

杨：做过评审？

雷：对。另外一个，你一定是专业人士，并且在一线工作过，不是说一个管理者直接去就可以了，一定是创意人出身。第三个，可能语言要差不多，你不能太差。

戛纳处女行：广告观被彻底颠覆

杨：Polly也去过几次戛纳吧？

朱：对，去过几次。

杨：你的感受是什么？

朱：我最初一、两次，感觉突然间头脑爆炸。

杨：是第一次去的时候会有爆炸的感觉？

朱：有爆炸的感觉，就是说原来世界是这样子的，原来广告是可以这样做的。原来我们一直以为自己非常有创意，但是当你看到人家用这个角度去做广告或者做创意的时候，突然间眼界、头脑全都打开了。

杨：我是不是可以这么理解，我们原来认为自己很有知识，然后当发现见识更大于知识的时候，才发现自己，哎哟，太小了、太浅薄了。

朱：对。而且其实是这样的，我们在自己的世界里面去做广告，都说你做得很好，那只不过是技术层面做得非常好、很极致。但是你去了戛纳之后，你会发现人家做的时候，是非常有突破的，他们那种突破性是把我们已经做得很好的东西突然间翻转了一下，然后把它颠覆过来。原来有人跟我做相反的事情，原来这样也可以，那种震撼是比较大的，就不是说我做极致了，然后你也做极致了，那只不过大家是同样被放上去比赛而已。突然间发现有人是反方向的，而且他走得比你更好，那个时候就发现原来我们的世界还是比较局限的。那种感觉就是开眼界、爆炸性的。

杨：那具体是什么原因，如果有三条颠覆原来的审美观和价值观的广告，是什么？

朱：首先可能是他的创意都是比较突破性的。打比方，几年前可能是新媒体刚刚出现的时候，那个时候突破性就更大一点。以前可能大家都是在做传统广告，平面然后TVC这样，你最多也就是把东西做得比较古灵精怪，但是一旦有新媒体的时候，你就会发现，原来可以这样去做，连那个都可以做媒体，那种震撼性就很大。

杨：就是它的应用在互动，在整个原来对广告的发散性演绎上是有很大的不同？

朱：对，是很讲究突破的。

杨：第二呢？

朱：第二个可能是它的影响力，它很讲究广告本身的Campaign，对这个世界、人性的影响力。打比方,你记得有一年是关灯一小时。

杨: 熄灯一小时。

朱: 刚刚开始的时候,它就已经拿过一个奖了。其实广告本身不怎么样,但是想法、影响力是全球性的,这种东西它在戛纳就会拿到大奖。

高手精于游戏,思想家定义规则

朱: 第三个,可能是那种很提倡创意的思维,而非单纯是技术层面的。近来还有一个Creative Thinker,它是邀请一些嘉宾过来。这些嘉宾他不一定是我们广告行业的,但是在他行业里面都是很有创意的思想家。我觉得那个角度可以启发我们,所谓的创意不只是说我们真的是做创意的人,其实你的行为上面,或者是很多事情上面,你的处理方法已经非常有创意的话,你已经是一个创意的思想家了。

杨: 我解析一下,就是高手是在这个圈子里头精于游戏,不过更高手呢,会定义规则。

朱: 没错,没错,也是行业的领导者,他是带你的。

杨: 像Polly讲的定义规则、突破思维的方式,你在评判这些部分的时候有什么体会?

戛纳评奖要素:无互动不设计

雷: 我回应一下Polly刚才的说法,我觉得我也非常赞同她的看法。我第一次去,就是我做评审那一次,2011年的时候,差不多评了有六天时间。知道戛纳有三个S,Sea、Sun还有Sexy,就是没有时间看看沙滩、晒太阳、看美女什么的。工作了六天,结束的时候,每个评委要讲一段话,我那段话后来他们好像摘录出来,他们觉得我讲得还不错。

杨：表扬，以及自我表扬。

雷：其实我讲的就一个意思。我是作为评审来的，但是其实我没有用一个评审的心态来看这些作品，我边看这些作品也边学习，这是一个非常棒的 Learning 的过程。所以在那个过程里头，我有一个非常非常深的感觉，就是没有互动就没有设计，它几乎所有的参赛作品都是互动的，这是一个非常、非常强的感受。

第二个就是我在打开评审表决器，看到那个标准的时候，我也傻眼了。因为它有一个标准，以前我们讲广告的创意其实很简单，有一个ROI的标准，很多年了，你的关联性、你的原创性，还有你的冲击力。但是它的标准里头有一个非常非常重要的一个标准，就是 Engagement，你是怎么翻译的？我是把它翻译成融入。

朱：投入。

雷：对，类似这种。就是说你这个广告出去以后，消费者有没有互动？有没有参与进来？有没有把这个广告所传达的信息跟大家分享？这是一个所谓的 Engagement 的概念。把它作为一个评审标准，就是说我这100分里头，我这里占25分了，我印象里头。以前我们只是把它作为一个参考，创意要有这个方向，创意不能只是一个 Sale，你可能甚至不光是一个 Communication 的概念，你现在要变成一个对话，变成你要更加地让消费者融入，那是对我蛮深的一个启发。

然后再回过头来，再想 Polly 刚才讲到的。我觉得今天的广告，你不能用广告的想法去看它。我非常崇拜的一个创意人，就是大卫·奥格威（David Ogilvy）。

朱：我也很崇拜他，David Ogilvy。

中国创意的责任

杨：表达方式或者是我们的创意手法，一直是多变的，甚至可能是创意人本身希望要变化,不想重复嘛。但是有一个,撒切尔夫人说,中国这个国家不会有未来,她的理由是,她不是一个生产思想的国家,她不会对思想界有什么贡献,而思想或者是问题,一定是前行的眼睛。如果我们看了这些思考,获奖这件事是什么呢?我们不能否认,在很多公司中间,我们要考虑的获奖其实是用一套获奖思维来思考的。要想钓鱼,就得用鱼的方式思考,但是你返身回来的时候想一想,如果根植于中国的创意,在戛纳那一块又获得价值观,第一,我们是不是有一个全球可以普世的价值观?我们要思考,对吧。

雷: 我们自己有没有可以普及到全球的价值观?

杨: 对,这是我们所要思考的。第二是,我们是不是密切关注公共化情绪?可能有全球其他的情绪,也有中国自己的情绪。第三个,我们有没有找到自己的表达方式。最好的答案往往都不是在最熟悉的路上。我们举一个例子,李安,你会发现,他的《卧虎藏龙》《断背山》《少年派》,它不像一个导演拍的,对吧?

朱: 对。

杨: 你要说我们在玩这些创意,他可能是玩整个思维的、更大的创意,一个中国人拍印度的故事,而且让全球有对普世价值观的理解。这个是不是才是我们自己的根脉呢?

朱: 我有点不同意,我觉得我们不要自己看扁自己,就是说好像是我们中国人自己的思维角度很少去颠覆,尤其是颠覆前辈的那种路、那种传统、那种想法,其实我有点不同意。当然我们还是比较听话的,我们还是比较习惯坐在那边听老师说话,然后我就学习他那套。但是我觉得我们中国人的价值观里面,很可贵的一点就是,虽然我是跟着前人的角度一步一步走,但是我们也是很鼓励创新的。而且我们中国人自己本身是非常非常聪明的一个民族,我觉得我们很快就能够吸收,满街都是要吸收的东西,整个世界。

杨: 就是它的创意元素,是吧?

朱: 对,都可以吸收的。那我在这样一个环境里面,我们这么聪明的中国人,当然是可以吸收别人的长处,然后加上我们一点点反叛的心态,只要一点点,有人燃烧就可以了。然后我们就可以开始去思考了。像您说的,我怀疑别人做的事情,怀疑自己曾经做过的事情,那慢慢就会创新。你看日本,日本以前也是不停地去抄袭人家的高科技。

杨: 它是模仿型创新,改良。

朱: 对,改良。其实我们中国人也是非常聪明的,你看我们这么多山寨。山寨里面,十个山寨总有一个创新吧,我觉得这就可以看得到。

杨: 有些创新还很厉害。

朱: 对。你看那个橘子手机不是比苹果更好嘛,对不对。所以我觉得我们中国人是具备创新跟创意才能的,只不过可能是我们需要鼓励、启发,然后要迸发出来。

杨: 这个责任就要交给你了。为什么要交给你呢?马屁是空洞的,赞美是具体的。你是JWT北京的首席创意官,而北京已经正式宣布不再去做国际化城市,而是要做世界城市。也许这个路要很长,但是它的目标,2050年,我要建成世界城市。所谓世界城市的话,一定不是什么河南人、山东人的问题,印度人、巴西人,大家一起来融合到这个板块里。所以你处在这儿,你对北京是有责任的,你要扛起这个历史使命。

朱: 我尽量吧,我尽量吧。

优秀的创意需要文化的冲击

雷: 我是这么来思考这件事情的。我觉得你刚刚讲李安的例子,后来也有人吐槽说是李安拍了《卧虎藏龙》,然后中国一大帮演员、一大帮导演,其中包括张艺谋导演,都在拍这样的题材,一直在试着去模仿、去走这条路,拿到了奥斯卡那个小金人,可是,还是只出了一个李安。所以我自己也试着去梳理这个脉络,我觉得中国人的精神和中国人的思想家,最优秀的时候,我相信你们都同意,应该是在2000多年前的那个时候。那个时候就是因为它是一个相对开放的环境,春秋战国时期,国家竞争激烈,出了很多诗人。之后呢,虽然有很多人阐述了某一些思想,包括宋朝的程朱理学,包括明朝的王阳明什么的,但是我仍然认为,我们在思想上是缺乏创新的。我认为这是2000多年来儒家体系和皇权体系结合以后对整个中国的影响。我知道现在有中国元素的兴起,有所谓的中国重新要崛起。我听到很多声音,可我自己真的认为,我们的思想在那个时候是最辉煌的。

所以从这个角度来理解的话,我非常同意Polly的看法,就是说我们是有慧根的,但是在现代社会以后,我们自己其实是缺乏一些更好的创新给世界的。比如您刚刚提到的,我们自己有没有一套东西可以普及给世界?其实从这个角度来讲,我自己认为是相对比较难的。所以从这些角度来理解,我们再去看李安的那条路径,他从台湾出来以后,在美国待了那么多年,在美国最好的电影学院学电影,然后后来又经过很多这种挫折,所以他有创新。

另外,台湾的中文教育其实比咱们大陆要好,咱们这代人读的中国传统的东西,其实相对还是比较少的,虽然我们自己业余也愿意读一些,但是学校体系是没有这些教育的,台湾要比我们好。所以他的中国教育思维的这种韧劲儿,那种明事理的……各种因素对他的影响,再加上西方的现代技术和开放式的思想所带来的冲击,最后就形成了李安的个人成就。我不认为这件事情是现在的中国导演可以复制的,但是我觉得如果有类似的人生路径,或者各种思想的碰撞的话,我相信可能性就非常大。就是说新一代的导演,刚刚你也讲到新一代的创意人,现在有很多年轻人在国外留学,他们其实对中国也很了解,然后又看到了世界,我觉得这些人将来会更好地把中国的精神和西方的方法结合起来,这个我相信比我们的成绩要更大。

杨:从一个戛纳开始讲到了整个的文化大道,甚至也讲到了中国的价值观如何普世,也许它没有答案,或者没有标准答案。但是这个世界里,快乐是因为你没有问题,谁最快乐,猪最快乐;痛苦是因为你找不着答案。不过,问题是思考的眼睛,你开始思考这些问题的时候,其实创新就开始了。

创意的本质叫实效

陈慧菱
可口可乐大中华区
互动营销总监

贾丽军
艾菲中国执行主席

张璐
氪氪互动董事总经理

实效对于广告主与代理商之间的不同定义

张：实效是一个很有意思的标准，因为广告是讲创意，但其实非常注重实效。那你觉得对于实效，这个标准在哪里？

贾：大家都觉得搞实效就一定是严肃的，实际上并不是这样。大家一般对广告，就觉得应该比较有创意、好玩等。实际上这个创意再怎么好玩，如果说它没能给我们的客户带来价值，那这种创意实际上是不可能彰显我们真正创意的本质的。所以就是说，无论是以前，还是现在数字化的兴起，对创意效果的量化都成为这个行业，或者营销传播业的标准。

陈：我对实效有自己的一个定义，就是说，在一定的时间当中，它所能够达到的一个效果，或者它能够达到这个品牌所预先设定的一个目的。有的时候可能创意顾着了，或者说执行层面顾着了，但是事实上我们要看的是一个整体的东西。整个从创意开始，到后面后续的一些执行，是不是我们预期的商业目标，我觉得这是非常重要的。

张：那对于你来说，可能实效并不代表完全地帮助你去达成很多的销量的提升，反而基于某一个Campaign，你的目标是什么，达到这个衡量的标准，就代表它具有实效，而并不是代表它帮你产生了很多的销量。

陈：对，原因是，其实在企业里头来讲的话，我们会有各种不同的目的，有的时候企业也会做一些与慈善相关，或者与社会公益相关的活动，那我们的商业目标可能设的就不是销量了，可能就是一个音量，或者是一个品牌或企业的美誉度。

张：那我想问老贾，代理商眼中的实效应该是什么样子？

贾：创意、实效，我觉得这两个应该是一个标准。如果说我们创意不能帮助客户成功，不能帮助品牌成功，不能帮助消费者找到他所追求的生活梦想和生活方式的话，我们再伟大的创意那也只是自娱自乐。那么究竟什么是实效呢？我非常认同Amy，就是你确定一个目标，整个传播效果一定是围绕这个目标来评估效果的。一般广告公司所强调的效果，大多数在强调我们的传播效果。客户他一般会强调什么？他的Sales效果。

"有实效的创意"让口渴的人自己找水喝

张： 说到昵称瓶这个Campaign，我特别想问问Amy，本身内部和Agency（代理公司）之间有怎么样的化学反应？创造了一个这么酷的Campaign？

陈： 其实可口可乐昵称瓶这个案例，我们在澳大利亚做过，效果非常成功，以国内来讲，夏天是我们主要的Promotion（促销）季节。所以去年就在思考今年夏天到底要做什么事情是比较大的、惊天动地的。那我们就看到澳大利亚昵称瓶，这个Idea非常好，因此就跟创意公司合作，排除万难投入去做。

到底昵称瓶放到中国的市场上怎么样会是比较好的效果？实效概念开始出现了，就是说直接搬过来OK吗？还是说我们应该做什么样子的调整？因为其实我觉得实效的话，执行中是接地气的。但是直接搬到国内之后，尤其是在国内这种有自己非常悠久的传统文化的地方，是不是能够接受？因此创意公司就提出了一个想法，我们不要用真的名字，应该用Nickname（昵称），第一个好处，其实就是接地气。从2010年之后开始到现在，Social Media（社会化媒体）文化已经慢慢地Viral Back到一般的生活当中。之后，就要强调可口可乐概念，从我们总部开始往全球推的，我们称它为Social at Heart，"把社交这个概念放在心里头"。现在，跟很多人合作，或者外面很多人都会问国内很多社交平台的消长问题，事实上对我们可口可乐而言，不太介意平常的消长问题。因为你如果真的Social at Heart的话，那消或长其实都没有关系，因为人都在那个地方。因此，我们充分利用我们的瓶子，把瓶子也当成一种自媒体，然后把瓶子上面的标签、Logo部分让出来，让消费者去表达自己的一些意见跟想法，所以消费者会产生很多话题。

昵称瓶互动营销环节的设计也是完全不一样的，早期的做法是品牌主、广告主说，然后消费者听。那我们说的方式可能是找了创意公司，或者找了一些Agency（代理公司）帮我们去拍很好的广告片。但今年的方法不一样，我们因为Social at Heart，也要让消费者觉得自己是主人，也要把话语权交给他们，然后当他们自己很想喝水的时候,他自己会找到水去喝的。

贾博士念真经：实效营销的理性解读

贾：它这个案例至少有三个方面可讲。第一,因为广告传播也好,或者创意传播也好,讲到本质,它是文化传播,所以它用昵称的话,它实际上是在迎合现在,比如说互联网时代,或者是草根文化。

第二个从实效角度,它不用澳大利亚它们那种真名,它在执行的时候可以Cover一组一组的,不需要管每个人,比如说小萝莉是吧。

最后一个也是最重要的,就是以前我们的品牌叫Close Brand,现在叫Open Brand,所以开放品牌和封闭品牌最大的品牌创造模式区别在于以前我们做这个品牌就是广告主找专业公司,而广告主就是Marketing部门和Agency,大家在想,想品牌定位、品牌主张,然后沟通创意,做出来了。那么现在呢？有一半是把它交给消费者,也就是我的观点叫Create with Consumers,去创造品牌,所以叫Open Brand,就是将我们品牌塑造的一部分工作让消费者参与来共同打造,这也是我们常常讲的,我们要把消费者Engage进来。

数字创意和产品创意最大的差别在互动性。以前我们讲传统创意是讲一个Big Idea,现在是一连串的小创意,也就是说如果以前我是三维的,就是平面、立体,现在一定要加上一个时间轴,一定是在这个一连串的小创意中间把消费者的注意力、体验感拽入到我们的营销传播过程中,体验我们的品牌。那么怎么把他卷进去呢？也就是我们的创意创一半,完了另一半由消费者来填,然后他就觉得这个品牌是他参与进来了,他也把他的理念跟对品牌的期待、希望、好感度融进去了,他也参与了了这个创造,所以他就更会爱上我自己创造的这个品牌,所以这也是未来的一个趋势。

广告主如何选择适合自己的实效营销

张：我们再谈一个相对敏感的话题,举例来说,其实像脑白金、像羊羊羊,用这样的方式做广告。是不是代表它是很有实效的概念？或者说它是不是真的和销售有很好的绑定和挂钩？同时它的效果真的不错？这个问题我其实特别想先听广告主的想法，就是你对于这样子形态的广告怎么与实效扯上钩。

陈：我刚刚前面讲，我们要设定好这个商业目标在什么地方，不是说别人成功的经验我们就可以很简单地复制为我们的成功经验，因为每个企业所承载的东西是不一样的，我是在全球型Global的企业，那如果在Global中，我们带有Global的又可以与Localization（本土化）的Feeling进行结合，但这是第一点。

第二点，因为现在新媒体的产生，所以传播的一些方式跟路径已经跟以前不太一样。人们在科技跟新媒体的引领之下，我一面看着《甄嬛传》，可能一面在刷微博，一面可能就是在看微信。所以已经彻底改变了，很多广告主面临的挑战是，他们的消费者已经随着新的科技去改变了。所以你现在问我说，这种方式是不是OK，至少我跟我所待的这些行业或企业都不OK。

张：但是不得不承认的是，它们其实在中国市场还扮演了一个很重要的角色，在目前的中国大陆市场当中它还是有一席之地的。

陈：我觉得，新媒体出现并不是说旧媒体就会死了或怎么样，完全不是，虽然说有消跟长，但是我觉得不用太担心。在我看来，新媒体产生之后，如何把它做一个很好的360度整合跟融合，可以让新的跟旧的结合在一块儿，不是说过去的方式不Work（具有实效），只是说你怎么去把它做成更好的一个整合。我觉得这是现在最重要的一个课题。

贾：无论是什么案例，你要看它是不是说对话、做对事，如果它对了，从某种意义上来说它就成功了，那所以从某种意义它就取得实效了。最后一个，刚刚你们在讲传统媒体和数字媒体哪一个未来更有价值，回到传播学本身，传统媒体它的传播形态是Push给消费者的，一定是Push给消费者的。新媒体它的传播形态是拉消费者的。那么拉消费者有一个前提，就是他一旦有一个兴趣点，有一个想搜索、想了解的东西，他才去拉、去搜索，才去下载，才去转发。那么请问大家，他第一个点从哪儿来的？一定是传统媒体。所以一个完整的传播一定是要把传统媒体的这种Push属性，和新媒体这种拉的属性结合起来，才能构成一个真正的现代生活形态下传播的一环。所以我觉得未来一定要熟知传统媒体和新媒体的各种属性，把它整合起来，为客户做创意传播。

张：我特别想说，中国有不同市场的细分。那对于很多品牌来说，不可能通过一个方式，或者一套Creative(创意)，去达到所有实效。那我想深入了解可口可乐怎么看待一线城市和三四线城市，是如何贯穿你的所谓实效的方式，你们是如何定义和细分的呢？

陈：我还是拿昵称瓶Campaign做一个例子，可能目标的主推对象是年轻人，那年轻人的行为及其对媒体消费的方式已经跟以前不一样了，所以年轻人在那边，我们就必须那么去做。纯粹只讲Marketing(营销)的部分，我们一个就是从中央整个去辐射到全国，有的是Key(核心)，可以全国用同样的东西，另一个我们是会用Key Visual、Key Message(核心画面、核心讯息)。到了地方之后，它就会有一些不同的做法，它可能会结合很多的一些当地人喜欢的活动，或者说它们会结合当地的一些美食、一些媒体。我们在各个地区都会有一些差异，让大家觉得有整体感，有一致性的东西，在一致性之下我们还有差异性的东西在。所以说看起来是一样的，但同中有异、异中有同。其实在细节来讲，有很多的差异在里头。

贾：未来一定是有一个品牌公司，会把这个品牌高度拉得越来越高，它只做Core Idea、Core Message(核心信息)和品牌主张，剩下的东西一定是根据市场的细分、文化的细分、受众的细分，包括资源的细分去做执行，中间呢，我觉得可能就都没有了。

社会化营销的重心：互动

张帆
DigitasLBi 大中华区
董事总经理

金鹏远
环时互动首席知识官

张璐
氩氪互动董事总经理

客户懂社会化营销吗

张：大家觉得在整个数字营销、社会化营销的过程中，客户懂吗？

张帆：我觉得这是个很好的问题，但这也是个非常难回答的问题，为什么？因为到现在为止，在我们这个行业里面，没有人敢真正地说我懂社会化营销，我懂数字营销，因为这个东西每天都在变。关键是认知要在同一个点上面，也许在社交媒体或者数字媒体的某些专业领域里面我们比客户懂，但是客户他本身对自己的品牌和产品的解读一定比我们好，还有很丰富的市场经验。本来我们就是跨界的，所以我觉得这个关键点不是说谁比谁懂，而是大家能够达到共同认知，这是最好的。但现实状况是，像我们这种公司如果你越做越大的话，你要生存，你必须要去追各种各样的客户，所以你有时候不得不委曲求全、曲线救国，你先通过客户要的方式去帮他做，再慢慢去引导他，或者有时候很直白的，我就为了赚钱，因为我要生存，我要发工资，我要付房租，就是这样子。但是有些小型的公司，或者不能说太小型，就是说有理念的公司，它可以去挑选客户。所以大家的发展方向就会不太一样。

金：实际上这样是你希望客户懂还是希望客户不懂？如果客户都懂，我们才能够彼此在同一目的下去努力，我认为好的客户最重要的一点是沟通成本最小化。但是呢，还是那句话，这个行业需不需要节操？这个行业需不需要你坚持信念？如果你认为你需要节操，坚持信念，那好，那你觉得客户要懂点也好。你要觉得不需要节操，不需要信念，那我相信客户不懂会更好一点。

4A公司还有竞争力吗

张：那你们觉得目前4A还有竞争力吗？

张帆：我认为永远有。前两年为什么本土很多的数字公司有机会？是因为4A当时没有重视这一点。因为它内部的体系，高层人员的思维的变化，尤其是中国本土高层人员的思维变化我觉得会比较慢，然后还有各种各样的千丝万缕的利益关系在里面，转身比较慢。但是它一旦转过来之后，我觉得它还是很有竞争力的，因为底蕴是在的，还有它的终级杀招——买。它有现金砸你，有多少人、多少公司能够受得了那么多现金砸过来，能挡得住？很少很少。

金：我没有觉得落草为寇。其实任何事情做起来，你要考虑一个道理，你想得到什么？你得到这个东西重要不重要？我觉得在这个行业里面，我们想要得到的就是让世界承认我们的创意，我认为也曾经做过类似的事情。那么在这个过程里面，无论是4A也好，其他也好，如果社会化被一个体制绑死，就会出问题。所以为什么我说4A的竞争力也罢，或者其他的，它是一个不客观的问题。因为对于4A来讲，它有它成熟的体系，有这么多年创意的理念在里面，包括很多年轻人乐于去4A，可能我降薪去那儿，也不愿意在一个本土拿一个更高的薪水。

还有光环。其实这么多年以来，中国的4A，坦率地讲，做出的事情越来越少，很多有创意的4A，周围也有很多朋友，真的是才华横溢的年轻人，他们都离开了4A。因为在中国很多4A变得越来越陈腐，我们也很少看到中国的4A真正地做出一些所谓的拿奖的东西。然后至于社会化媒体这一块，4A转身也好，不转身也好，我觉得市场永远都在，一个大市场里面都有各自存活的可能，是吧？这是关键。所以我觉得这个问题还是一个伪命题。

张帆：还有一个非常重要的，就是如果一个公司要做好的话，它光靠一个老板是不行的，从上而下这个团队得有共同的信念，而且要能同甘共苦。这个非常重要，不然的话你在做这个的过程当中，有很多人就走掉了，或者是分崩离析了。你是坚持不下去的，但是如果你一旦坚持下来，那么它永远都会有非常非常强的生命力和竞争力。

传统创意广告人如何转型做互动

张：之前有一个朋友，他说在4A，很多在创意层面当中可能做传统做了大概有5年以上的，就很难再转到互动了。你们觉得怎么看？

张帆：第一，任何人都有他的优势和长处。第二，有志者事竟成，关键还是要看你自己。

金：我以前一直做传统营销，后来我反过来了。只不过在这个转换的过程中确实有些改变。比如说如果你对拿奖一直耿耿于怀的话，你去做的这些有点琐碎，因为数字化媒体更琐碎、更日常，然后包括有些成功是你没法预见的，你就会有点应接不暇的感受。但是呢，有传统广告和品牌思维的人进入到这个行业以后，一旦点破了，他比那些没做过这个行业的人跑得更快。

互动营销未来发展尚需时日

张：你们觉得互动广告，包括数字广告，下一步的发展应该会是哪种趋势呢？

张帆：我们所看到的，就是整个数字媒体能够在广告领域里面扮演的角色会越来越大，我们拿到的预算越来越多，这是我们所希望的。但是你要做到这一点，我们所要付出的就是要不断地、努力地去学习，去开拓新的东西，这非常非常重要。而且要放开你的思维，你要敢去想，现在什么跨界也好，什么O2O也好，任何东西未来都有可能整合在一起，所以数字媒体Maybe是这个中心，是Lead这些所有东西的。我们期望客户会越来越重视，而且这个另一方面是跟平台相关。为什么现在我们说社交媒体有些停滞，因为我们觉得没有东西可以玩，新浪微博至少它不再上升，而且有些东西让我们觉得被束缚住了或者怎么样。微信，很好的东西，潜力很大，但商业模式没有明显地出来，客户有钱我们不知道该怎么玩，我们来的路上还在讨论呢，如果今天有客户给你2000万，叫你做3个月，我怎么玩？

金：我们其实在想，如何让广告非常细无声地潜入到人们的思维？社交广告就做了这种改变，不像以前用推送的方式。我们一定要从一个内容的服务商变成一个内容的供应商，找到消费者喜欢的内容，然后把品牌有效地导入进去。另外一点，移动互联网已经被嚷嚷三四年了，我们消费者已经离不开手机了，那么我们怎么让我们的信息进入到这个端层？在一种非打扰性的方向下去推送，或者说我们希望消费者可以看广告，我们付费给他，因为你不再付费给这些所谓的电视台或者网站了，但是你为什么不能把你的广告费付给你的消费者呢？他们乐于帮你传播。所以我在想，有很多可能会让它变成复制化或者量产化的东西出来,而不是要仅仅去把所谓的数字营销或者社会化营销集中在创意本上。创意是你开启这个东西的引爆点,但你后面一定要大力支持这个,支撑在里面。

张:所以我发现老金已经开始在寻找或者是也在思考怎么样去做复制化的可持续性的广告营销模式。

张帆:对。因为这其实也是跟这个公司本身的定位和公司规模有关系,高速发展期你会觉得生意特别好做,在这个阶段有时候往往你会忽视一些内部的建设。一旦冬天来了,你会说客户突然之间变少了,发觉本身的服务人员质量不够。所以这就是一个缓慢的变更,对吧?就像以前国有企业改革,都是一样的道理。像老金,我觉得他想的就是他这个东西规划得可能比较好,他的理念很执着,所以他一步一步这样往上面去走,可控性比较强。

社会化营销如何满足多元化的客户需求

张:那像高速发展期的公司怎么用有限的人才储备,提供给客户更加不同的选择?同时可以获取到更多的客户?

张帆:我的解决方法,第一呢,还是说你要不断地学习;第二个就是人才储备,你要挖各种各样的人,就是请各种各样不同的人,也可能是PR公司的,很多传统广告公司的,甚至他不是广告这个行业的,让自己变得多元化。

金:我觉得在传统的广告行业里面,大家经常讲,有些是专门做地产的公司,有些是专门做汽车的公司,有些是专门做化妆品的公司。但是在社会化媒体里面我觉得很难去说这家专门是做什么的。因为对于我来讲,我们看起来现在经营了不同的品类,那么我们的人不是全部都了解,但重要的一点是,说我们了解消费者,消费者可能开着大吉普,喝着可口可乐,穿着Timberland去看一场《中国合伙人》,对吧?

张帆:而且我觉得我们对创意的定义可能要放得宽一点,创意不一定只是一个文案,只是一个海报或者一个Idea,技术的革新也是一种创新。就看你怎么样去运用这个平台,或者你怎么样运用这个人,它都是创意。客户永远是欲壑难填的，他要新的东西，所以我们说我们要做的事情是永远在客户满足之前抛给他新的东西，这个新的东西其实就是一种创意，让他去延续他对你的新鲜感，跟婚姻一样嘛，保持一种新鲜感，那他肯定会跟你走下去的。

如何衡量互动营销的实际KPI效果

张：社会化媒体层面当中的KPI怎么样和我们的服务费相挂钩？

张帆：首先我来讲讲KPI，我们这行KPI的设定其实蛮痛苦的。为什么呢？因为在一开始就走了一个错误的方向，因为最早的时候，社交媒体这个行业它是来源于一个Digital Buying的层面。就是按照点击数CPC、CPA来算，所以在那个时候有不少公司是把它当作购买行为来做，那么我买你BBS上面一篇帖子，你一定要帮我达到什么样的流量。另外一个设定标准，全部都是从PR角度来讲，它是非常主观的判定，它觉得这个东西我老板满意了或者我认为PR效果达到了，所以会导致KPI设置很有问题。

那现在我们再讲这个KPI该怎么设定。这点上我很羡慕老金，因为老金是先从一个非常成功的品牌杜蕾斯切入，那么当他进入这个市场的时候，他在这个市场里面有非常高的影响力和威望。他有话语权，客户从此就埋单了，这个对我们来说可能就会难一点，对吧？

金：所谓的KPI，不是说它是一个听起来的洪水猛兽，我觉得是日常的KPI要保证客户，而且这个KPI应该按年来算，因为社交网是个长久的事，对社会化媒体来讲，没有两年到三年很难看出一个成效。最后一点最重要，如果真正做社会化营销的话，那么你有没有公司敢拿我的服务费来跟你的销量对赌？

张：比较酷。那我想问老金你买粉吗？

金：不买。但是为了达成一些需求或者一些转换……

张：所以今天这是一个重大发现，老金不买粉，但是有一些需求。

张帆：这个社会上很多人都是逼良为娼的，对吧？

戛纳创意节观摩攻略

沈翔
杰尔鹏泰大中华区
首席创意官

龙杰琦
Cheil 杰尔广告 National ECD
(大中华区执行创意总监)

劳博
广告门 CEO

劳：我们聊一聊戛纳创意节，是我们创意圈包括传播圈，大家都特别想要了解的一个奖项。二位是哪年去的戛纳？当时是什么状况？

空杯心态逛戛纳

龙：我是2007年第一次去戛纳，其实是带着学习的心情去的。一到会场就看到很多很多作品，因为每个类别基本都有五六千件的作品，我们基本上是每天上午8点开门进去占住一台电脑，然后把所有入围作品全部看一遍，到晚上8点关门时候才走，连续一个礼拜。各种各样不同的想法、不同的洞察、不同的国家，它有不同的执行结果，最后得奖的结果也是不一样的。这是挺有趣的一个经验。

沈：因为我去的那一年就已经加入了数字创意的行业，所以就是看跟数字有关的作品，技术含量越来越高，互动的过程也越来越好了。其实当年去，当然还没有那么多技术的成分在里面，那时候或许互联网的速度还很慢，也还没有所谓的智能手机出现，所有的应用都比较原始一点，可是那时候就已经有一些有趣的东西在那里了。

劳：去那儿除了看互动作品，你还做些其他事吗？

沈：白天因为老板也在那儿，所以你真的要去会场，然后乖乖去好几天。晚上，戛纳是一个漂亮的地方对吧，长长的沙滩，很长很长的行人步道。这样晃过来晃过去，钻到他们那儿购物，一定要有游客的心情去那个地方才好玩。因为我觉得，不管用什么形式旅行，心态很重要，你越像海绵，才越能吸收点东西。

什么作品入得了戛纳的法眼

劳：当年投送作品了吗？

沈：对。因为以前跟数字有关的作品，我觉得文化差异还是很重要的因素，应该是说简单、容易懂的作品就容易获奖。中国的市场崛起以后，可以用比较公平的态度来看待全世界的文化，然后把作品产出来。

龙：我觉得戛纳得奖的这些作品跟以前已经不一样了，以前我们得奖的作品可能放到今年来看，已经完全没有机会了。评审看一个作品的眼光有了很大的转变。

劳：是技术还是理念呢？

龙：当然技术有一部分啦，因为技术不过是在服务你的创意嘛，所以你的技术新奇或许可以得奖，但之后呢，你就必须要……我记得我们还去韩国总部分享戛纳经验。其实在这几年，我们在戛纳得了非常多的奖，甚至大奖都得过。现在戛纳评审对于好作品的判断标准是什么？那次谷歌一个创意部的人说，如果你的目标是拿戛纳奖的话，这里不适合你，我们的目标是诺贝尔和平奖，这句话说明什么？就是你的创意是不是能够真的去打动人，怎么打动？是不是你的想法能够改变人的生活？能够让人的生活更好地被改变？或者说你这家伙非常聪明，聪明到我从来没见过，我怎么没想到？这样的作品才可能得奖，或者说你真的帮这个产品、这个客户的生意有很大的一个成长，这也能够得奖，所以整个难度是越来越大了。

沈：我觉得有意思的是，在戛纳这个平台上你可以每一年透过这个来解释全球的不同的创意，去探讨新一代人的方法跟结果。

中国还只是创意的小国

龙：之前那个戛纳主席有到我们这里来演讲，然后鹏泰也同时一起来了。当时他给我一个很深刻的印象，是说中国最近几年的成绩非常好。当然我看了一下过去我们中国在全世界的获奖排名，排第13，第1名是美国，第2名是巴西，然后是英国、澳大利亚。巴西不止会踢足球，创意很厉害，是令我非常惊讶的。他秀给我一个地图，非常震撼，在戛纳你看到世界地图不是大家认知的世界地图，而是以在戛纳获奖的国家的比例来看的，所以即使中国是幅员最大的国家之一，可是在戛纳的版图里面是非常小的。反而像美国、巴西，像英国、澳大利亚这些国家，在版图上非常大。这让我想起说，中国这么大的一个国家，在戛纳得了奖很好，可是以我们这么多的创意人员来讲，其实有更大的舞台等着我们去发掘，这些奖永远都不够，我觉得我们该更有实力得到戛纳的一些更好的奖。尤其是现在，整个经济的主力都已经转移到中国。

劳：大龙你觉得还不够，对吗？

龙：很好，但是以我们的实力，应该可以得到更多。

传统广告创意和新媒体的竞合关系

劳：大家对媒体加入戛纳怎么看？

龙：大家说传统广告开始在转型了，是说很多很多客户，基本上把更多的钱都放在互联网，但对于传统广告公司的挑战是，以前我们想到的是电视广告、报纸广告、杂志广告，现在我们要去了解新媒体。那我们要学的是怎么样把我们的想法放在这个媒体上面，所以既然有这样一个转变，其实媒体公司它们也去戛纳，这个很正常。因为它们也是生产创意的一个环节，它们也需要创意，所以它们对我们来讲也是一个竞争对手，所以它们有时候有些生意都是来自于我们，本来是我们的生意，但是我们对这个平台不了解，变成是他们抢了我们的生意。

沈：我觉得肯定是好事。因为之前一起去戛纳那次，有一些中国的媒体公司，他们就整车拉去赌城赌博了，直到最后一天他们才出现，真的赌了好几天。可是这几年，我觉得媒体开始在转变，开始在认真思考：透过平台的技术，跟掌握在手上的受众的资源，怎么样可以创造更大的可能？这中间当然会有一些竞合的关系在，因为我们可能还比较靠近品牌一点，它们会比较偏技术，如果这两者中间可以有一点平衡的做法的话，可能会更管用一些。

移动互联网爆发的迹象

劳：现在有一个我们大家都在讨论的话题，就是移动互联网什么时候会爆发？

沈：现在所谓移动互联网的广告的使用方法，还停在比较初级的状态，直接强行植入然后弹出视窗，这跟传统广告演进过程是一模一样的。从叫卖式的，从强迫人家看的，慢慢地到你自愿去看，它有一个转化的过程。所以我觉得移动互联网要谈的是它的平台。平台技术已经很进步了，我觉得才是一个真正开始。

龙：以前我们做传统广告，我们让品牌说我在这里，你快来看我吧。但现在不一样了，现在是能够让品牌走到消费者面前，来融入他的生活，这是一个比较大的转变。我们也在看怎么样在一个手机终端去做广告，有很多不同的App的形式，是有可能让品牌融进去的。

戛纳的创意土壤

劳：戛纳这个地方是不是特别适合搞跟艺术、传播相关的事情？二位的感觉是怎么样的？

龙：有的旅行是因为一件事、一些人而产生的。戛纳其实我去了之后，发觉它其实就是很小很小的一个城镇。就像我曾经因为出差拍片去好莱坞，我看到他们看什么星光大道啊，还有好莱坞颁奖现场，我看到之后都非常失望。这就是星光大道吗？

劳：跟想象中的不一样？

龙：完全不一样，这就是伟大的戛纳吗？前面就是一个相当于普通的场馆，展览馆，然后是一个海滩。其实是很好的一个地方，但就是因为有这一群与我们相关的人，然后因为这件事，戛纳这个城市而变成了一个大Party。戛纳其实就是我们每年的一个最大的Party。去的时候，我觉得最主要是看到我想看到的人、曾经的伙伴、曾经的好朋友、我不熟悉领域的朋友。在不同领域上，他们有更新的发展。我觉得这是一个很好的Social的平台。那相对的也来展现我们过去一年的努力在这样的一个会场是不是能够被验证，我觉得比较有趣。

中国为什么不能产生"戛纳"

劳：戛纳创意节居然是在戛纳这么一个小的地方就能发展起来。现在我问二位，中国有可能做戛纳创意节这样的一些奖吗？我们现在数得出来的，国内现在已经不下于30个这样的创意奖，中国有没有可能出现这样的奖？

龙：我现在觉得比较具规模的，除了中国广告节之外，还有一个金投赏，就是它们两个可能侧重不一样，但是我觉得金投赏整个的形式比较像戛纳广告节。比较厉害的是，它集合了所有的创意人，然后把广告主还有媒体全部都放在这个平台上面，而且这个平台是当你邀请有影响力的人来之后，他会影响别人也进来，所以变成了一个盛会。在中国如果要出一个像戛纳广告节那样的奖，其实形式是有的，要到达那个水平可能还需要更多的努力。

沈：我觉得现在有很多很多小小的、大小不一的奖项是个好现象。从发展的轨迹来看，一开始一定是多，然后经过各种竞争淘汰，或者规模变大，最后就会有一个或两个独大，然后那个就会是世界级的。我觉得现在我们还在发展的过程当中。

龙：其实你只要参加过戛纳广告节，你就会发觉，它里面奖项分类的规划，很鼓励创新性的、新技术类的，所以说我们只学了形式，但在整个奖项上面，没有结合目前的潮流。现在其实那么多的新媒体、新技术，连手机的这种入口都来了，但是我们在这些奖项上面，没看到这样的一个长足的进步，还是比较传统的那块。所以戛纳为什么大家喜欢参加，因为我可以看到不同的新技术、新媒体，各种可能我想象不到的东西都在那里。

中国创意人可以在戛纳做什么

劳：因为它每年都在变，每年都在创新，戛纳会为新作品创立新的奖项，虽然已经60多年了，但它每年都会创意出新的奖项出来，容纳一些新的作品。所以实际上戛纳给创意行业提供了一个很好的交流机会。作为中国创意人，我们可以在戛纳做些什么？

龙：很多不同的广告公司都在这里，把它当成展现自己的一个平台。我觉得这是一个展现实力的平台，我们也花了很多时间在这个项目上面，我们要让全球人看到我们中国的创意实力。毕竟我觉得一个好的作品，还是必须透过一个好的说故事的方式才能够让全球人看到你的想法。所以我们在项目里，就会找一些很好的外国人来帮我们做配音，他们帮我们配音之后，播音员就跑出来跟我们讲，说这是你们中国的作品吗？这不太像你们中国的作品。他可能看到了一个他没见过的可能性，可能我们更多地是对于这个人、对于这个品牌的关怀，使他们看到了这部分，这也符合戛纳评委对创意改变生活的看法。

　　其实怎么样关怀社会？就像大家开会时，我们可能会拿出一瓶矿泉水喝嘛，但你知道这个矿泉水被浪费的严重性到底有多少呢？因为中国是水资源最缺乏的国家，但她是人口最多的国家，那大家喝这个矿泉水的时候，会发觉不知道哪瓶是我的。那我会做记号，我这边抠我的瓶标，抠一半，有人就撕掉，即使整个撕掉，还是有可能认不出来。所以很多水就这么被浪费了。每年浪费的水在中国有600吨，这个结果是挺惊人的。所以我们就想怎么样减少浪费？如果这边有印一个可刮涂层，你可以刮劳博或者是沈总这样一个名字，别人都拿不走了。他们说这个想法是挺能够解决人的问题的，觉得这个想法他们没见过，竟然出自中国创意人的手，这挺有意思的。我觉得在这个平台上应该要展现的是一些软实力，让更多外国人知道中国的软实力跟硬实力是一样强的。因为很多很多想法是需要被撞击才能生出更好的创意。

广告圈的匠人情怀

刘阳
琥珀传播CEO

黄海南
洁丽雅董事局主席助理、
首席品牌官

付继仁
一点资讯营销副总裁

"匠"的正反两面观

付：首先我想问问两位，自己是如何理解匠人精神的？

黄：中国有两个成语，一个叫"匠心独运"，另外一个成语叫"匠人匠气"。所谓匠心独运呢，可能更多的是一个褒义的词；那么所谓的匠人匠气，可能是带有一定的贬义。所以我觉得匠人精神，它也是具有这种褒贬不一的阴阳面的含义在里面。

如果说阳面的话，可以是执着，或者是精益求精、一以贯之这样一种精神。那么如果从贬义角度来讲，可能过时啊、老气横秋啊、不懂得与时俱进啊等等，有一些东西可能泼到你身上来，所以带有这样两种色彩。那我个人可能还是比较侧重于这种四六分、三七分，个人还是比较崇尚这种匠人的精神。因为我是学文科的嘛，可能也受到国学的一些熏陶，一些儒家文化的传承，那么本身对于做一件事情呢，又加上我是金牛座的，比较专一。

付：好的一面是精神的专注，不好的一面可能是在当下有点老土，有点老气。

黄：因为这是个信息社会，信息传递也非常快，那么在这样一个快节奏下面，尤其是比如说像我来自企业，我们做企业的话，那需要追求效率，需要去追求一个好的产品。那么我们怎么用好的渠道、好的通路把它更好地卖出它真正的价值来，那在产品层面，可能需要匠人精神。但是我在营销层面、管理层面上来讲，可能要追求效率，要注意我的成本控制，那么这样的话，规避了匠人精神当中可能有悖于这个时代或者对这个时代有阻碍作用的东西，我们去扬弃它，可能会更好一些。

刘：我同意南哥的说法。因为之前我们在学绘画的时候，老师可能会用两种方法去评价。一种说你画得很匠气，技巧很好，但想法比较死板。还有一种呢，画得很有灵气，但这种灵气不一定是说你很紧凑，或者很规范，而是表达自己的想法，表达得很有意思，这是当时老师的两种评价方式。这个匠呢，有时候会给人感觉停留在一个手工艺的层面,就是坚持,或者换一个角度呢,有点笨笨的,你只要往这个胡同钻,钻死胡同往下走,会有这样一个想法,会有这样的理解。但是换一个角度的话,你可以说它独具匠心,说明有时候你可以把一些你的思路、你的不一样的想法,跟你这些手艺、跟那种笨笨的坚持结合到一起,会出来一些不一样的想法、不一样的结果。所以我倒是觉得这个"匠"字,像刚才说的,有正反两个意思。我们要把这两个意思结合得非常好,一方面你要有一个笨笨的坚持,一方面你要有一个自己独特的想法,做到独具匠心。

付: 我觉得可能是说在我这种坚持当中,我能不断地审视自己。可能我做这个事做了很长时间,但不是从开始做这一天和到最后做一天都是一样的,而是从开始做这一天到最后一天,提升得非常非常多。好比一个人从比如说100分满分的话,从60%到90%可能很容易,但是从90%到99%,从99%再到99.99%,可能费的努力要更多。

黄: 越到后面,提升一点就更困难。

付: 对,应该通过自己的每一次实践每一次重复,把这个价值提炼出来,而不是说匠人就是一个重复的作业,重复地去制造家具也好,重复写歌词也好,重复地写文案也好,那可能就失去了本身工作的意义和乐趣,也体现不出匠人精神来。

从汉字"匠"解读匠人精神

黄: 其实中国这种汉字啊,也很有趣,你像这个"匠"字,它这个框有一个出口,中间是一个斤。那么就是我们做事情的时候,要斤斤计较,但是这个匠呢不完全封口,它不是一个国字框,有一面是有一个出口的。就是说明你斤斤计较的同时,你要有一个出口,如果开了一个口子,至少不封闭了。所以从字面上去理解,用汉字、用造字的方式去理解的话,这个匠心独运也好,或者我们所谓的这种独具匠心啊,或者匠这个词本身所带给我们的是,在这种坚持、执着的背后,它还是有一些外来的理念,或者点子、Idea。

付：您的解释非常好，上升到国学层面了，我们根本没想那么多。刚才您也说经营企业，可能有时候还是要追求效率，可能要更多元、开放。我想说在当下这个时代，这种匠人精神是否还是可取的？或者有哪些可能需要我们注意的？如果专注匠人的话，可能会向某个领域走入一个极端。因为之前好多言论会说，我们虽然看到很多这种独具匠心的企业或产品，但更多是小的作坊，而不适合大的企业，或者不适合当今信息化的社会。

黄：匠人精神我觉得更多的是一种战术思考。比如说我们做企业，你做一个产品，那么你把产品这个层面，如果用匠的这样一种心态，匠人的这样一种精神去做的话，那么产品肯定是精益求精的。匠人精神上升到企业战略层面来讲，我觉得可能会犯错误。这个错误主要是两个方面。第一个错误就是现在商业之间的竞争非常激烈，很多的时候是需要有效率、规模化生产，那成本在这其中起到的作用非常重要、非常大。你做一个产品精雕细琢，本身没错，但是这个背后就失去了效率，失去了产品的规模化的生产，那么你的成本会过高，你在跟同行的竞争当中会处于劣势，这个东西是必须要考量的，这是第一点。

那么第二点，如果把匠人精神上升到企业战略这个层面的话，可能最后会犯一种方向性的错误。就是你把细枝末节的问题上升到一个宏观的战略问题的层面，那么方向就会偏。我们平常可能坚守一个道德底线，或者我们坚守一种为人的准则，这是没错的，但是如果你要人生开辟一个新的方向，开辟新的领域的话，那必须要与时代同步，要吸纳，要吐故纳新嘛。

付：明白，刚才结合南哥说的，其实我也想问问阳哥，因为南哥服务的是在规模上或者影响力上都非常大的企业，同样像你经营广告公司，在规模上传统的制造业肯定是不一样的，那你如何理解当下这个社会？包括你经营的企业和匠人精神之间的关系或联系呢？

刘：就匠人这件事情，或它作为一个业态的话，受到冲击最大的应该是工业革命之后，就是规模化生产之后受到一个这样的冲击，会变得不一样。工业时代的产品虽然批量化生产，但是我们还是需要有匠人那种专注出来的好产品，在这个里面，必定会存在一些需要去平衡或者调和的东西。比如说它的生产周期或生产频率，我觉得高手是可以把这两者做到一个好的平衡。比如我们说乔布斯，乔布斯做产品肯定是有匠人精神的，那么多年的坚持，而且他一直在想独特的东西，就跟所有现行的PC或者其他的个人电脑完全不一样的东西。他的这种坚持，这种独到的理解和视角，包括他最后在工业设计和产品的程式上面，体现了一种近乎偏执的坚持、要求，这种产品，肯定跟一个没有匠人精神、匠心的这种状态做的产品是不一样的。

难得的是乔布斯同时会有工业时代对于整个企业运营的一个思考，平衡得非常好，做出这样一些非常独特的产品，但他同时也会有现代营销的理念，有一个非常开放的状态去做。

黄：刚才刘阳讲的这一点我觉得非常重要，就是像乔布斯能够把这两者平衡得比较好。那么一方面呢，他坚持这种匠人精神，能够把产品做到极致；那么另外一点呢，就是他能够在商业运筹这个角度，把管理跟营销这两块儿结合好。

付：包括规模生产。

黄：规模生产，这个做得比较好。《乔布斯传》里面，其实对乔布斯的这种匠人精神，它是有解读的，包括他产品设计的理念，包括他这种精益求精地、不断地去把每一个细节、每一个小的点都抠得很细的精神。这种精神我觉得可能正是我们这个社会所缺少的。

其实我们放眼世界，德国我觉得是匠人精神的一个代表。日本可能在匠人精神的传承上，在东亚这个板块里面是做得最好的。据我所知大概有五个商帮，其中有一个商帮叫名古屋商帮，这些企业呢，我们去看看，它们其实在这方面都是做得比较好的，都是能够兼顾到匠人精神的传承，又同时兼顾到它的成本、它的效率，也就是这个"匠"字还是开了口的。匠不是呆板，不是傻的代名词。匠之所以有一个出口，我觉得就是它跟外面这个世界还是接轨的，它这一个小小的封闭的圈子里，可能三面环山但最后一条通路是通向这个世界。

匠人精神关键词

付：您刚才说的日本，我觉得它相对来讲是以自我为中心的，但刚才阳哥讲的

苹果那种方式，它是完全地开放性地以消费者为中心，而精神聚焦在我产品本身的研究上、研发上，包括刚才您说的德国，其实也是这一点，它是把这个当成民族精神中的一种，这种严谨，这种专注。如果对匠人精神提炼一些关键词，哪些词跟匠人精神关联非常紧密？

刘：我觉得刚才咱们解读那个字，方式就蛮好的。比如说我可以讲偏执的坚持，对于一个细节的苛刻，但我觉得最重要的一个东西还是积淀，你到台湾可能会被一个三代人的20平方米的小的牛肉面馆感动。你到日本可以发现无数的作坊，每个作坊做出来的刀都各具特点，都是几百年坚持之后才得出来的。但是工业革命把这种多样化给磨平了。

付：其实对专业的追求，各个时代都有，只不过在今天这个时代更容易脱颖而出。因为信息太容易被扩散、太容易被分享了。

黄：我接着刘阳刚才讲的，匠人精神大概有这么几个关键词。第一个叫"规矩"，就是不懂规矩不成方圆，你不守规矩就无所谓匠，那个是变成囚了，人困在里面，不守规矩，最后自掘坟墓。那么规矩这个东西呢，我个人讲，第一社会给你一个框，就是希望你遵守国家的法律，自己给自己立个规矩更重要，这个就是自律。第二点，这个"匠"字，我们如果用一个词语来讲就是严苛，你要坚守道德的一些标准。第三点呢，我觉得这个匠人精神，原来可能觉得Old，现在是New，那么要赋予它新的含义。

"输在起跑线"是扯淡

付：像80后、90后，他们现在对匠人精神是一种什么样的理解？世界这么多元，我为什么不去多接受一些？这两者来讲是对立的吗？还是说这两者有一些融合？在我们年轻人身上，看到的是什么样的状态？

黄：其实年轻人对这种产品或者对匠人生产出来的东西，他是接纳的，接受度也是高的。但是我们叫环境改变人，就是整个环境很浮躁，然后你急功近利，我也急功近利，他有的时候，自己的脚步就慢慢跟上去了，就迷失了自己，邯郸学步了。

赛跑的时候，叫输在起跑线上，这个东西瞎扯淡，我不接受这种观点。什么叫起跑线？每个人的起点都不一样，每个人追求的东西也不一样，但是这种成功学，这种心灵鸡汤的东西，把太多的人给害了。

付：明白。而且我感觉可能跟中国整体的大环境还是有关系，从前可能更重视物质，当然现在好了。我觉得现在人都在做一种精神的回归，包括现在为什么很多人去提这个匠心或者匠人精神，有这种精神。

黄：包括我们今天吗？

付：对。然后极致就更不用说了，极致就是能不断从最开始做这种工作的时候优化自己的方式方法。我记得小野二郎说过一句话，他说他讨厌休息，休息的时候，他就没法去专注于对寿司这个领域的思考。这种极致的精神，当下非常难看到。再有就是口碑。小米手机就是一个典型的例子，就是靠用户的力量将它的信息进行传播，而今天这个时代，其实口碑的力量非常非常大，然后打造爆品也是，一般匠人可能来讲，就没法。感觉褚时健可能是一个，经营烟草和经营褚橙，我觉得更多的是在管理上的匠人思维，而不是聚焦在他做烟的比例、调和等等这些。当下像小米这种企业，完全针对一款产品精耕细作，完了问世，然后通过这款产品，再把其他的链条衔接上来。像小野二郎，可能最开始也是一款，慢慢地延伸一些新的产品，围绕着核心的产品。但唯独我觉得有一点不同，现在互联网思维强调的是什么，是快；而匠人思维我觉得更多的是强调一个慢，就不需要说我这个东西非要追求效率。雷军之前说过，他说小米占据市场太慢了，他觉得他应该能再快一点，而匠人思维就必须是我不受你外界的影响。

"小而美"是个伪命题

刘：在广告圈里面，这个矛盾体现得是比较明显的，你会发现在广告这个行业，"小而美"是一个伪命题，因为我们是在一个整合的时代，在太复杂的营销环境里面，客户很难去面对很多个小而美的公司。

付：或者换句话说，是不是可以理解为现在就算我专注某一个领域的小而美，也未必能真的与其他所有人不一样，或者脱颖而出？

刘：如果从个人角度是可以的，比如你还是专注于设计，你要专注于文案，你要专注于你的一些非常有创意的互动的想法，这都是可以的。但从公司来讲，现在这样一个信息流动的状态，从客户方来讲，他更需要的是一个整合式的服务。一个有更好的资源整合能力，但同时在各个垂直方面具备一些独具匠心的坚持或者执着，这样才会成为一个好的营销公司。

大环境营造良好的匠人精神氛围

黄：从我的角度来讲，觉得传统媒体这个行业里面有匠人精神的人越来越少。因为广告公司有的时候一天可能要出几个PPT、有几个提案，时间不允许的情况下面对出活这个压力，它就用模板去套。广告公司、广告主，都要提供一个良好的土壤。否则的话，你给他一天时间，让他匠他也匠不起来啊，是这样一个情况。第二点，作为广告公司或者媒体，虽然广告主给你的时间比较短，但是我想在短的时间里面，你尽可能地不要用模板去套、用千篇一律的方法去做，或者你跟广告主沟通，是不是能够时间上给我多一点，大家共同营造这么一个环境，给匠人精神一个土壤，使得它这棵树长大。

刘：你要留给他们去发挥匠心的时间和环境，这个特别重要。他们都想要做出独具匠心的作品，那把这个初衷保护起来，他们才可以把自己的心沉下来，变成一颗匠心，好好地往下去延伸、去发展，这样我们整个行业才会变得好起来。

黄：现在是一个数字媒体时代，媒体里面有一个很重要的就是内容的生产，那么内容的生产我们把它看作是很Open的，需要多视角地去处理，去做内容的构建和架构也好，去做内容的生产和内容的制作，这个是作为我们媒体从业人员非常重要的一个点。这方面，是要具备这样一种心态。从另外一个方面，我们原来讲内容为王，我一直在讲内容为王还不够，还要有一个叫品质为王，内容为王加品质为王这样一个"双王"战略。尤其在目前这种内容同质化现象非常严重的状况下,尤其需要这种匠人精神,去抚育我们高品质的作品。

付:没错。我相信最后我们达成的一个共识就是,匠人精神是非常重要的,应该在我们每一个从业者当中,我们的工作、我们的生活当中,都要去做一些坚持和坚守,最终把你的匠人精神和你的作品联系起来,真正有品质地去影响整个社会,这才是我们最终的目的。

从 KOL 到自媒体领军人

王昊
土豪通创始人

孙蕊丽
时任凤凰网全国营销中心
品牌总监

侯聪
时尚美妆专家

KOL 入门的故事

孙：其实我也觉得很好奇，王昊，你为什么想通过做这样一个自媒体来与你的业务发生关联呢？

王：在去年的时候，"土豪"这个词一度比较流行，有一个同事把我的名片，就是王昊上面的王上面一横给抹掉，然后他说我们公司有一个叫"土昊"的，一个叫土豪的人。然后就在微博和微信里面评论说我好想认识这个土豪，跟他做朋友，再加上平时我在地产、科技两个领域都有接触。2014年的1月1号，土豪通成立。我就把平时所爱好的这些有趣的科技类的东西加了进来，还有包括一些高端的酒店还有房地产，还有一些旅游，还有一些好玩的东西，去做很专业的评鉴。

孙：Kevin有留学背景，之前在很多公司也做到中高层的位置，突然之间就放弃了，然后转到另外一个行业。你的入门故事又是怎么样的呢？

侯：我有一句话一直分享给身边所有的朋友，就是"决定一个人真正的职业生涯方向的并不是上班时间，而是你下班之后的这七八个小时"。所以说你可以讲我是一个美妆行业的意见领袖，或者是一个所谓的微博大号，但其实是在用我的方式，把我喜欢的一种生活方式分享给我身边的每一个人，用我可以用到的途径，也就是现在我们聊到的自媒体平台。

自媒体形成的基础：爱秀、评论、互动、有用

孙：两位有一个共同点：最开始去运营这个自媒体都是因为喜欢一些东西，不论是科技小玩意，还是本身就喜欢美。但是提到KOL最终的一个落点词是Leader，大家又怎么看待领袖？舆论领袖这个词或者说KOL这种社会角色，以及自己在做KOL所承担的一个角色？

王：自媒体在初期都是因为我们喜欢秀，我们喜欢把自己的一些生活方式展示给别人看，这可能是一个基础。第二就是你的秀会引发别人对你的评论。在有了这种评论以后，你怎么去回复大家，你要给大家一个回应的，如果你只发

了别人看了,可能这个事情也就很简单地过去了;但是如果你发了别人看了,还有人评论了,你又做了一些相关的回复,这个互动的过程其实就是你在这里找到的一个乐趣。你想把这个乐趣更广地扩散,所以你就要找更多的素材、更多的东西拿出来秀。然后这个东西能够对所有人产生一些帮助,这样的话大家才会一直跟随着你。

侯:我完全同意王昊的说法,最起码我自己一直在运营的自媒体平台,包括美妆网站,包括公众微信,包括微博,都在分享一种健康的生活方式。因为我也相信美妆其实也可以救世界,你每天帮自己早晚洗洗抹抹,然后做很多护肤的工作,其实为你肌肤注入的是一种健康的正能量,更关键的是驱散你内心的一些负面的能量。小羊肖恩,它本身就是很成功的意见领袖,它本身不甘愿于在羊圈中每天吃草、长毛,然后被别人把毛刮去做衣服,而且它用自己的一些想法引领大家过上它认为对大家是健康的有着正面影响的一种生活,我认为这就是意见领袖和自媒体平台所应该发挥的作用。

自媒体经营四字诀:新、利、色、情

孙:很多时候一提到意见领袖,可能是你们都比较跟大众分享的这种领域的一些有用的东西或者好玩的东西,但是还有一类就是属于特立独行者,在羊群中大家都是白色,Black Sheep 的意思可能就是特立独行者。你们怎么看待这一类人?你们平常应该也有关注这一类的意见领袖,怎么去看待他们呢?

王:做自媒体想让别人关注你,我总结了四个字。第一个字就是"色",所谓"色",其实帅哥美女、美景美图都叫"色";第二个字叫"利",就是在我的平台看到的什么东西可以打折、可以促销、可以送礼品、可以发红包,这些东西也可以吸引一堆人;第三个字叫"新",就是这个东西一定是别人那里没有的,只有我有;最后一个字是"情",就是情感类的,不管是身体健康、宗教信仰,还是对于生活方式上面的一些有感情寄托的东西,心灵鸡汤都可以算作这个"情"字。但是这里面一定要做出自己的特色来。你所谓的特立独行我其实也会关注,比如纯负能量。

人们抒发自己情绪的时候有些不一定非要看到很多美的或者是正能量的东西。比如说我有一个朋友他要做一个微信平台,专门让人在上面骂他身边的朋友,反正微信这个平台你在公众号上骂人不会有人看到,只有主持人能听得到,然后再去帮他解脱。特立独行其实是有出路的,但是要找对适合你的路,不要刻意地去顺应别人,而是你找到一条路,然后别人愿意跟着你走。

自媒体人反观微信和微博的不同

孙:你们觉得在微博、微信时代做自媒体有什么不同?

侯:从最浅层的含义来讲,首先微博传播的途径跟范围会更远一些,微信相对而言会更私密。你发朋友圈只能是影响到你身边这些有关系的人,但是你发一条微博出去,并不能够预见到什么样的人会看到。

孙:如果从媒体的角度,可能影响更多的人是一个诉求。

王:对。因为我关注得比较多的是一些房地产大号,像任志强、潘石屹,他们两个在微博里面互相聊、互相地调侃,这样就创造了两个微博时代的大号。其实微博这个东西,一开始人们都愿意在上面去抒发自己的想法,但是逐渐会发现大家的微博里转发的都是大号的内容,很少自己去发表一些自己的想法和意见,就逐渐跟着自媒体的大号或者意见走了。

孙:在台湾我发现一个很有趣的现象,Facebook对应微博,Line对应微信。在他们那边,Facebook的活跃程度一直比Line要好,同样一条信息我在Facebook上可以拿到600个赞,在Line的朋友圈上只有50个。

侯:但是我认为你不能只看数字,50与300比起来,我可能更愿意要50。因为这个受众群体所接收到的信息会更直接、更准确,同时他们的反馈也更真实。

KOL如何开展商务合作

孙:这是一个蛮重要的问题,可能是做KOL和做媒体不同的一个方向,因为媒体就是要一直去推荐,越多越好,越新越好。KOL分享自己真正试过、喜欢的东西。你们怎么去处理或者平衡这个问题呢?

侯:没错。对我而言我永远选择跟我自己,最起码是我认为跟我的形象、跟我所正在做的事情有直接关系的合作。首先,我一定会确认产品是不是合格;其次,我要明白这个东西是不是我自己喜欢,符合当季、当下时尚流行的;再次,我一定要掌握好现在的节奏。

有一些时候我会收费,这个品牌我之前有用过,但是我从来不知道他们公司是这个样子的,他们的工作人员是怎么设计和发明出来这些产品的。那么我会跟他们收取一定的费用,因为我把我的时间交给了他们。

孙:所以你收的不是媒体发布费?

侯:对,是时间成本。

王:在这一块我有同样的感受。第一还是爱好,还是要自己喜欢的东西,而并不是他给多少钱,是在我们自己喜欢的东西里然后刚好他又来找我。有些看似我们说了某个品牌,或者我们说了某个事情,肯定是朋友的推荐,这里面没有任何的交易性的东西,纯粹就是一个互相帮忙的东西。

孙:我知道你应该是用其他的方式在挣钱。

侯:网上一直流传一句话,"不忘初心方得始终",做自媒体平台其实也是一样的,如果它变成了一个赢利的工具,就是练功走歪,已经走火入魔了。

王:这点我是认同的,就是从我们成立这个平台的初衷来讲,肯定不是去做这种事情,只不过在这个过程中我们做的很多看似营销的事情反而是被我们的粉丝推动着去做的。他们呼唤你,说你做这么个东西,我们想试试。

孙:最近流行的三个字:参与感。

王:对,是参与感。

KOL对未来的思考

孙:作为一个自媒体,作为一个KOL,你最期待的品牌之间的关系是怎么样的?你是期待更多的大品牌可以一起来丰富你自媒体的内容,还是希望可以真的诞生一个自己的品牌,让你玩得开心的品牌?

王:我的观点是,如果你有足够的实力,你可以创建一个自己的品牌,但是你这个品牌要找准自己的位置是什么,然后你在这个行业里的差异化是什么。就好像人们一说到洗发水,想到的就是那几款,就算你再新颖、再有特点,可能别人也不会记得你。所以你一定要找准你自己的那个点,然后在这个点上面你要有足够多的差异点、足够多吸引别人的地方。所以说创建一个品牌很复杂也很难,但是我愿意为之而奋斗。

侯:我会希望一种比较平衡的状态,跟一些大牌的合作会多一些。在这个过程当中我希望得到的是什么呢?让粉丝开始认识我,希望说将来有一天大家的肌肤可能比如长了痘痘,第一个想到可以咨询的人是我,这个是我的目标和想法。

事件营销之四两拨千斤

黄小川
华谊嘉信联席总裁、
迪思传媒集团董事长

宋含聪
爱到家有限公司创始人
（时任呷哺呷哺副总裁）

张茂霖
北京奥美广告副总裁

事件营销如何定义

宋：事件营销的最大价值就是能够一举成名天下知，它能够产生一种倍增效应。我想请教两位能不能给事件营销做个简单的主观一点的定义呢，就是说我们看看什么叫事件营销，如何才能构成事件营销。

黄：事件营销首先必须围绕一个透过我们去策划出的有新闻性的事件，所以新闻性是一个元素，另外一个我们也希望这个事件要有话题性。还有一个，跟你的品牌有关联性，最后一个可操作性。当然有些时候我们会加入一些名人的元素，让整个事件获得更大的关注和影响，这是我对事件营销最根本的理解。

张：事件营销它有两种层面。一个是所谓的品牌自发性，它自己去创造一个事件或者一个话题，它具有新闻性或者被广泛地报道，从而影响消费者，最终产生对于品牌的知名度、好感度、偏好度的一个提升，最后达到产品销售的目的，这是所谓的造势，它自己创造出来的。另外一种是借势，比方说2008年奥运会，很多的体育营销都有一个借势的概念，借由这些本身具有高度新闻性、话题性和议题性的事件来跟品牌结合，达到刚刚讲的帮助品牌知名度或者好感度的提升，最终能够刺激销售。

话题必须要引起争议

宋：能够达到四两拨千斤的效果，说实在话，用你的经验来看，有没有比较好的话题分享一下？

黄：从核心的东西来讲，如果说你把这个话题丢出来以后没有争议性，那最后的效果就会比较差。

宋：争议？

黄：对。一定要引发这种争议，让大家觉得这个很有意思，所以新闻是核心，如果后面的话题可以让这个事件延续燃烧下去，那就需要具有争议性。现在分享一个我们策划的Yota手机的案例。

宋：就是这次普京送给习大大的那部手机？

黄：对。我觉得眼前来讲最可靠的事就是借APEC，那可能送给习大大是最有价值的，但是这个东西要变成俄罗斯的国礼送出去，那你得有理由。其实刚好Yota手机原来是梅德韦杰夫作为代言人的，所以我就极力建议他去把它作为国礼在APEC上送给习大大，当时我们谈的时候只是一个设想。

"事件"和"营销"需相辅相成

张：我相信最终销售应该是不错的，因为从整个营销的逻辑上来看。

宋：是不是反过来说有一个问题，这么高的关注度没有利用赶快去卖，这可能也是一个失职？

张：这可能是另外一个话题，饥饿营销。我说第一个，其实刚刚小川兄也提到几个重点，第一个是它的关联性，我想手机本身是俄罗斯品牌，所以由俄罗斯的普京当国礼送给习大大，我觉得这对于品牌，等于是打开了它的关注度，然后本身给予它的定位，在这个上面我觉得是满足的。那另外一个是可操作性。一般来讲，当然任何品牌都希望习大大能够讲两句话，但是不可操作，Yota在实际上的确做到了这一点，它的可操作性达到了。第三个，就是它的延续性。在APEC结束以后，这个话题我们就要看后续的操作，它怎么去延续一路，到最终的销售怎么样达成，如果最后一步也能够很好地满足的话，就会是一个很好的营销案例。

有趣的事件容易传播，造势切忌弄虚作假

宋：另外一个问题我想问茂霖同志，在你印象中有没有一些比较好的造势项目可以供大家参考？

张：其实借势和造势分别都有它的优缺点还有风险性，我先说造势吧。造势的难度是比较高的，因为你要单靠自己品牌的力量去创造一个事件，而这个事件

本身要有新闻性，然后要有话题性，消费者要关注，这是不容易的。很多像我们台湾的品牌，比方说办一个活动，多少人聚集参加然后创造了比如说吉尼斯世界纪录，它本身就会变成一个事件然后被关注。如果是这样子的事件，它又有趣味性，就容易传播。所谓造势的风险性，很多品牌它为了达到目的，有的时候造假或者是以新闻的面貌出现，但是消费者最后发现其实这是一个假新闻，这会对品牌造成伤害。所以高明的一个造势活动就是，我能够摆开来就告诉你，这就是一个营销活动，但是这个营销活动的策划，本身它就有高度的新闻性、话题性乃至于趣味性，所以消费者他就很自然地接受，而且他也有兴趣去参与，而且他也知道这本身是一个营销活动。所以造势切忌品牌造假，或者伪装，你就坦坦白白的，就让消费者知道。重点就是你的营销团队必须要能够掌握社会的脉动以及新闻的话题，然后让你的产品或者品牌能够在这里面发挥影响力跟效果。

事件营销成功的基础在战略层面

张：但是我们必须要知道它其实在整个营销里面，是属于战术层面，更重要的是，一个事件营销能不能成功，基础在于你的战略层面。也就是说一个品牌或者是营销人员本身要理解到，我这个品牌的定位，我所要诉求的内容，以及我针对的消费者是什么群体，然后我希望在这次营销活动当中达到什么样的目的，我才来决定我要用什么样的战术。比方说我要用事件营销、口碑营销，或者我要硬广、软广、线下，因为手段太多了，事件营销只是其中一种。现在常常看到很多企业，因为事件营销它有非常好的四两拨千斤的效果，所以一拥而上。

黄：很多大牌公司造势都失败了，为什么？自说自话，我觉得它在策略层面，跟这个茂霖兄讲的是很一致的，从品牌定位到受众，到每一个方面，到它的诉求内容，所有的东西都是OK的。但是它忘了核心的一点：这个事件消费者不关注，媒体不关注。你没有新闻性没有用，我觉得这个东西叫自我娱乐，很多的事件策划看似从策略层面演绎得很好，但是在社会上一点效果都没有。

　　这个问题就是缺乏对中国环境的洞察，坦率来说，事件营销尤其是这种小投入是非常有价值的。因为你没有足够预算的时候，你是透过事件来借势，我觉得能做到事半功倍的效果，不过我们在做任何事件的时候，都要考虑它负面的影响。

借势营销基本要素

宋：如果让一个事件营销真实意义上达到对品牌建设的四两拨千斤，或是一举成名天下知的这种大效果，它有什么基本的要素？你们两位可以给点怎样的想法。

张：在战略层面，自己本身的品牌定位，还有你的营销目的，是不是适合去做事件营销？同时本身有没有造势的能力？以及有没有事件能够被你借？引出来的第一个叫关联性，你这个品牌跟这个事件本身有没有关联？

黄：我觉得茂霖兄讲的那个是叫Campaign，和我们讲的这个事件营销还会有稍许的差异。我们现在做的事件营销里面更关注的是以新闻事件为主导，因为坦率来说，以新闻事件为主导的东西可能更多的是由公关做到的Campaign，不是营销做的Campaign。PR的Campaign里面，我觉得新闻性是最主导的，有了新闻性有了话题性，而且有品牌的关联度，同时可操作，我觉得这个事件就基本可以了，如果没有新闻性，怎么做都没有用。如果说在我们广告、公关、线下、数字整合的IMC里面的那种Campaign，效果好与坏说白了都由销售说了算。但是PR的Campaign，以新闻事件主导的，那一定是有效果的，为什么？这个事件很有新闻性，只是说这个效果达到多高的高度。所以Yota手机CEO来的时候，我就跟他说，你投1000万美金也未必有这个效果。

宋：我同意，我是专门做品牌管理的，我觉得要做好一个真正有价值的事件营销，必须要有几个关键点：你如何让你的这个品牌与这个事件产生很强的关联性？其实在很多时候我会发现一个什么问题呢？很多企业、很多品牌牵强附会地去做一件事情，到最后弄巧成拙，会让人觉得这是什么情况，你这个好像八竿子打不着，你为什么要找这件事。但是在这个过程中，文化角度是很重要的，是需要去费脑筋的，就是你刚才讲的，我们原来做的那个奥运营销项目，当时我们在找一个结合点。

黄：中国女排。

宋：结合点首先是找理念的结合点，最后是找落地的，落地的是找中国女排。理念上的结合点是什么？就是加油。"加油"是一个很广义的词汇，落实到一个具体产品的时候也是在加油，所以我在前面就说了"为健康中国加油"。你知道吗，为这个词汇我们花了多少脑筋，包括茂霖当时也在，我整整想了有四个月的时间。

黄：为健康中国加油。

宋：我觉得还有一个，就是你刚刚讲的，怎么落地呢？落地的关键是要让消费者能够充分地参与其中。所以我们当时就跟女排进行合作，叫"社区三日排球赛"，在全中国开了1000多场，这个影响是慢慢慢慢渗透的概念，其实未来对整个品牌的基础产生了很大价值。还有一点，我觉得就是说你在营销的模式上要创新，不要简单地去拿别人复制过的，一定要从你们企业的内部，要有高度的一致认识，真的，凭脑袋的一时热度去参与一件事情，很有可能你前期的投入都是打水漂。

张：所以你必须要了解到，现在我的位置在哪里？我是一个初级阶段的品牌？还是说我是一个大企业？拥有大量的资源去选择要切入的事件营销角度，或者我们把事件营销本身也当作一个平台，要选择什么样的一个平台来操作。如果说你资源不够，或者品牌在非常初级的阶段，这个是要仔细去思考的。

造势营销基本要素

黄：我们有造势成功的案例，比如说像"雪花啤酒勇闯天涯"，当时我们面临的竞争对手是燕京和青啤，做雪花啤酒的时候，就是要帮消费者找到情感连接，所以有"勇闯天涯"。第一个事件就是去勇闯雅鲁藏布大峡谷。等到第三年的时候，"雪花啤酒勇闯天涯"就成了它的品牌Logo，而且它所有的东西都打在瓶子上面了。说起来就是自己造的势，我是觉得其实我们只是引发了一个话题，后面就是长安奔奔，面临的是75到85后的人，我们当时定位就是叫"奔奔

e族"。我们把当时这个族群的压力,比如有房贷有车贷的压力,这种情感的东西描述出来了,引发了无数网民的关注。后来专门有这样的族群,有人出这个书什么的。但这个东西说实在来讲,只是我们这个定位刚好叫了这个名字,大家有这种情感的认同,一推就有这样的东西。我现在在想,这种造势的过程当中,一定要考虑跟消费者的情感连接,如果这个东西连接得好就会有效果,连接得不好,可能就变成自娱自乐了。

事件营销:快速响应很关键

宋: 不管是借势还是造势,还有一个很重要的事情,其实事件是有突发性的,突发性的事件往往它也具备几个大的特点。第一个,时间很突然,高度地被关注,同时它也有可能消散得也比较快。所以我想听一下两位的意见,企业怎么去抓住、辨别一个突发性的事件跟他的品牌是否很契合?这是第一个。第二个,它又怎么能够去快速地建立响应的机制?

张: 比如马航事件,我们其实说遇到灾难性的事件里面有一个遵循的原则,是叫"生命最大的价值",就是说一定要尊重生命是最大的价值。当失去生命的时候,这个时候是不适合去用来做题材、做传播、做话题的,你可以去捐款,你可以去关注、帮助这些罹难者的家属。

宋: 你不能把它当成一个反面的,证明自己多么高明的一个手段。

黄: 对。所以我们会有很多的规则,如果是一个专业公司来做这件事情的话,不会犯这样的错误。其实不仅是领导,还有品牌和市场公关人员,他自己的专业素养是蛮关键的,所以有些事件是可以借势的,有些是不能借势的。

张: 另外还有一个就是企业本身,你必须要考虑到自己本身企业的体制或者条件适不适合。也就是说你要操作这种突发事件:你的团队处于高度警戒状态,随时要去关注社会可能引发的热点;或者一有热点出来,你必须要能够非常非常快速地反应。

宋: 我觉得可能在事件营销当中选择进入的,特别是突发事件,比较好的案例,不知道你们认不认同,就是当年的王老吉。

黄:你说汶川地震那个?

宋:对。捐了1个亿,喝回10个亿。你们怎么看这个事情?

黄:那个老总决策非常快,我觉得这是一个很关键的因素。另外一点,它是一个消费品,它就是需要透过事件营销去拉近跟消费者之间的距离,把它的捐款行为升华成一个爱国企业的行为。这个事件营销是非常成功的,响应速度特别快。

宋:你们觉得我们中国人目前在对事件营销的认知和理解上面有什么样的误会或者一些误区需要我们去调整的吗?

黄:我觉得很多人、企业一想到事件就想到炒作。其实"炒作"这个词儿是负面的,如果是一个公关的事件营销,一旦策划成功的话,它会引发媒体主动的报道,而不是需要你去炒作,你只要稍微引导一下就可以了。

宋:不要把它当成一个炒作事件来看。

黄:对。你的规划一定要符合新闻的传播规律,要符合受众接触信息的规律,不要去愚弄受众,更不要去愚弄媒体。虚假的炒作,最后受伤的是企业自己。

宋:对。换句话讲,你在整个策划过程当中,事件本身必须要有话题性和新闻性。我们刚刚提到,没有话题性和新闻性,它其实就不是事件营销,或者换句话说它就会是一个失败的事件营销。另外一个它不会是一个孤立的事件而已,我只是借这个事件,最终还是要达到营销的目的。也就是说这个事情我做了以后,之后相关的配套、延续、执行都必须要到位,必须要落地,否则它就只是开一个发布会,发布了我赞助了这件事情,然后就没有了,甚至于很多消费者都不知道你干了这件事情,其实效果是零。现在做营销可以说很幸福,但是也可以说挑战更大,现在互联网和智能手机的发展,微信等等,都是能够帮助事件营销进一步快速扩散的。

张:过去其实没有这些工具,你要做一个事件反而很难,所以你找对了以后,后续如何让这些事件透过这些不同的媒介、透过手机快速地扩散,更进一步地就是让消费者甚至参与到你所规划的事件营销环节里面,跟你的品牌进行互动。它是能够帮助一个事件营销的,从六七十分,达到90分、100分。一旦消费者进来,其实你的销售很自然而然地产生了。

宋:所谓营销,其实它是一个非常系统、全面的事,它在品牌建设当中扮演一个非常重要的角色。所谓的事件营销,它也不是能够涵盖所有品牌建设的,它只是营销当中一个最重要的、一个有意思的有趣的环节。但是,没有一个事件可以包打天下,也没有一招鲜能走遍天下的时代。

眼界篇

争议广告大盘点

晃优(高扬)
一起传播创办人

袁学智
IM2.0 华北区总经理

陈格雷
盒成动漫创始人

陈：我们盘点一下过去一段时间真正有影响力，或者有争议的广告，或者比较好玩的广告。

王石遭消费，创意无底线

晃：第一个争议就是长江商学院，现在社会上对于商学院的负面报道一浪接着一浪，不只是长江商学院，各种清华的、北大的，各个商学院大家都发现，说你们这儿的女学员，而且说各大总裁报名的时候，老婆看得都比较严，他们说我们要不要做危机公关。后来大家探讨了半天，发现王石这个事情其实就是一个阶段性的热点，如果你现在去做危机公关，打出一堆长江商学院的广告，本来记者采访这一段已经过了，第二浪又扑上来了。后来他们就想了想说，暂时先不动。

绿地是很大的一个开发集团，排名前五，做了一批形象稿，这批形象稿直言不讳地点出了比如说你年少未成名，因为上商学院太早，反正就是拿王石这个事情做了一个我们称之为善意的调侃吧。但是这个东西给出的不是善意的感觉，是恶意的。

因为王石的公众形象特别好，这个事情引来大家一拥而上，已经是把他的公共形象往下拉了一个阶段了，大家就一欢而散，因为王石没作出任何回应，也就这样。其实我们回头看看，它是一个很正常的社会现象，但是这个时候，作为绿地，尤其是这么大的一个国企，跟万科是平起平坐的，大家就会说你落井下石，做人不厚道。

袁：我觉得是这样子，当然很多人说这个稿子做得没有底线。但是我反而会去思考另外一个角度，就是对于创意来说，空间是变得更大了。

陈：当然我们都承认，创意不需要底线，空间一定非常广阔。

袁：但是调侃名人也好，或者用名人来作为广告里面调戏的对象，这个说法并不是第一次出现。我记得好像在国外有一套稿子，做头痛药用了各国总统的头像，然后每一个看见就哎呀，谁让我头痛——本·拉登。用这种方法去调侃的非常多。所以调侃名人这个说法其实并不新，但是在中国这个比较特殊的整体环境底下,过去我们很少这样去操作。这个事既然操作了,我觉得很好的是,它在测一般消费者能够接受的底线到底在哪里。所以你从它后面的反应、从它转发的评论,其实可以作一个判断,这个事情到底是触到底线了,还是还没有。对于从业人员来说,其实你可操作的空间变得更宽,就是说以后我还是可以调侃名人,但是我是不是可以用聪明一点的方法来做。

陈:但会不会是这样?比如它挺没底线的,也许就觉得它的效果达到了呢?

晃:这个我倒觉得不会。因为其实有一个很重要的就是地产是区域性的,你是重庆项目,我是北京项目,我了解对我没有任何价值,对销售没有任何意义,你只是针对区域性的购买人群。所以更多的时候,如果你没产生特别大的好的方面,负面影响又有的话,尤其在一些国企当中,对业绩,政绩都会有影响。

广告突破要找到爆点

陈:说到国企跟私企的问题,就得提下加多宝和王老吉的战斗,背后还牵扯到了打官司,还有中国最火的节目之一《中国好声音》。你们怎么看这场营销战,或者广告战?

晃:《中国好声音》,包括王老吉,我觉得是这些年来非常重要的一个案例,尤其是营销界的经典案例。因为第一个,王老吉本身当年我们都知道它是由特劳特公司,就是原来成美做起来的,提出的一句话叫"怕上火喝王老吉"。然后把王老吉从原来的,我们在广州待过,就是天天喝凉茶,凉茶原来是什么?消夏解暑的,升级到跟可口可乐一样。

陈:它本来是一个季节性的、地区性的。

晃:升级为一个饭桌上常用的,因为原来在饭桌上,我不喝酒喝什么?可乐,大可乐、大雪碧来一瓶。现在不喝酒,给我来一桶王老吉。你会发现它改变了原来的属性,这个就是所谓的定位胜出。但是到后来的时候,王老吉通过定位成了中国所谓的金罐饮料,卖得比可口可乐还多的时候,它面临一个很重要的问题就是它品牌的商标权。这些错综复杂的关系,私企跟国企的纷争,包括王老吉这件事情。为什么加多宝在离开这个品牌半年之后，市场拥有量还那么大。除了渠道非常强大，从另一个角度，刚才格雷讲到的，我觉得它的私企这种快速作决定的反应速度，也是能够起到作用的一个前提。

袁：我有一次跟一个朋友，和他们家小朋友去吃饭，到餐厅去，我那时候还很习惯地跟服务员说，给我来一个王老吉，然后6岁的小朋友纠正我说，不是啦，你要喝加多宝。我认为在这个事情上，它其实是非常成功地度过了转名时候的商标危机，而且形成了一个新的认同。包括它在做《中国好声音》，里面华少快速的绕口令。

陈：用生命在卖凉茶。

袁：对。这个节目的属性，跟它在里面植入的方式，让它获得了很大的成功。这个案例是成功的，而且它也确实是把这个改名危机给扭过来了，我觉得在加多宝跟王老吉的战斗中，其实胜家已经出来了。接下来它应该可以回到比较正常的操作，开始慢慢地重新巩固加多宝底下的品牌资产。

晃：当双方博弈到一定阶段的时候，其实当时是势均力敌的，一个拥有品牌，一个拥有渠道。但是有一个，就是大家在平稳对峙的过程当中，是需要一个爆破点的，谁先拿到爆破点，谁可能就取得阶段性的成功了，这个时候我们明显看到，加多宝拿到了《中国好声音》这个爆破点。当时达利园集团做和其正，我们就提出一个问题，加多宝跟王老吉长达半年多的博弈过程当中，你们有没有提前把你们的罐子都换成红罐，换一个包装推向市场？他们说，当时我们都没有想，只是觉得他们在打，谁胜、谁负还未落定。我认识的周围做广告的，80%是同情加多宝的，去买的时候，别人说你要买什么？你今天吃饭喝什么？我要喝加多宝。王老吉吗？不，加多宝。强调，再三反复，感觉好像得了强迫症一样，就一定要从我们的角度帮他做一把，不知道是为什么，我觉得有潜意识里的感觉。

老板一句话，省去千万广告费

陈：你们怎么看360周鸿祎战神式的崛起，就是一仗接一仗地打下去。

袁：尤其是互联网公司，老板亲自上阵，这已经是某种风气，它不是唯一一个，比如说像京东、苏宁易购那个时候也掐得要死。老板自己出来，用微博来做阵地、去做事情，甚至有的时候他的决定是微博先出。像之前好像是京东跟苏宁打赌，然后说谁如果价格比较高，让利还是干吗，把公司拿出来赌。这些是老板先开口了，微博上面已经出去了，然后用户的评论已经涌进来了。他公司里面的人才突然发现，老板怎么干这样一件事情？所以他里面公关的、市场部的人进来，开始灭火或者是怎么样，开始往下去操作这个事情。所以我觉得在这个事情里面看到了，老板就是代言人。

陈：**老板不只是代言人，如果说老板光是叫代言人，还不算奇怪，人家叫老板为前锋、主将。**

袁：对。老板这个人的话题、账号在前面冲着，这个碎片如果引起了连锁反应，它就会带动后面一连串的传播跟其他的讨论。

陈：**包括小米的雷军的账号。晃悠觉得呢？**

晃：我倒是听到另外一个版本。京东的刘强东有一天看到他们沙漠风暴促销活动的广告费几千万，就问为什么要这么多呢？然后回微博上发了一个大炮，几千万就省掉了。这是他当时写那篇微博的原因所在，就在于广告费太高了，我完全可以自己搞定，省掉这几千万。这是一个版本。

老板形象是否等同于企业形象

袁：这里有一个悖论，就是老板的形象是不是就应该等于企业的形象？如果老板的形象就是企业的形象的话，那其实它是有风险的，就是即使强大如苹果，乔布斯在苹果的时候，当他一走，大家就说苹果"病危"了，不再是以前的苹果了，苹果产品策略乱了。反而王石这个事情对万科来说没有什么影响。当然他也不像以前在第一线了。当公司的CEO或者是老板冲在最前面去打传播战，甚至有的时候打的是口水战，到底是不是一个聪明的事情？也许在当时他是爽了，逗了一时之快，但是几乎每一次他们做的比较意气用事的发言，都会引起正反方很多不同的意见。虽然360可能在话题上、话语权上打了一个胜仗，但开始拆360的也不少。以前有一些用技术做的操作一旦被大家揪出来以后，说原来我的用户隐私并不是那么安全的时候，或者说我分不清楚里面谁有道理，但是对我的安全有威胁的时候的做法就是：都拆掉。这样的用户其实也不少见。所以我是觉得我对这个部分，有很大的问号。

陈：我觉得任何东西都是双刃剑，只是说互联网的东西太过颠覆了。比方说微博的影响，有一个很简单的道理，如果你的老总肯亲自在你的微博上讲一两句话，你不用担心，效果一定好过请一个广告公司、一个公关公司，找一些写手，研究半天，然后再在商业账号上发一些东西，我只是纯粹从传播效果来讲。

晃：还有一个悖论。现在有一个比较常见的理论：不怕别人骂我，但是怕别人没有注意到我。很多人在做传播的时候，他特别怕我这个东西丢出去之后默默无闻地淹掉，就像水进入水里面一样，没有痕迹，而且老板出面，也解决了很多它所谓的公关费用、广告费用的支出。

袁：我觉得这个有的时候跟企业的思路有关系，在中国，决心要做百年品牌的企业真的不是那么多。

陈：尤其是互联网企业，根本想不到那时候。

袁：三五年，我能够取得某个成果，基本上这个大的战役就结束了，甚至我们也看到不少过去两三年上市的公司，上也上了，上完了之后，也就这样子了。所以对他来说，他是不是要把这个当成百年企业来经营，这个影响了他对外的态度。如果我今天是一个希望在三年之内把自己拱起来的公司，我大可以在微博上各种放炮、各种挑战、各种凶悍。但这样子是不是一个对公司真正好的事情？

陈：所以回过头来，我们其实可以回到一个根本的问题，在我们盘点这些案例的时候，营销的作用是什么？一方面营销当然要扩大你的传播，帮你卖出更多的东西；但是另一方面，我们又经常说营销要保护品牌。就像刚开始说的，也许大家对于品牌的百年基业没有什么信心。

碎片化时代，品牌创建自己的"磁场"

袁：既然是八仙过海，我也分享一下自己的想法。我是这样来看现在碎片化传播的时候我们应该做什么事情。把它想象成我们前面有一堆东西，又有沙，又有土，里面有一些铁屑，我要怎么样去把铁屑拿出来？一个方法是我做一个磁铁，我放在这边的时候，就会把那些跟我磁场相关的聚合在一起。

陈：这是一个非常好的方法。

袁：对，把这个东西黏过来。那你为了创造这个黏性，你就必须要比以前更有个性，你不能够再只是混到人群中不再被看见的一个品牌，而是必须要真正拿出一些过硬的东西，拿出一些积极的主张或者是真正能够代表自己品牌的一些风格。比方MINI，我觉得它是一个很有风格的牌子，因此它吸引一群跟它的主张相呼应的消费者，不只是现在可能买，也许我现在买不起，但是过两年我很想要一台，这样的一个方式，把它黏合在一起。所以我觉得在这个时候品牌的主张变得比以前更有价值。我们现在看到比如说杜蕾斯，比如说MINI、耐克、Adidas，这是我们信手拈来、可以想到的有个性的品牌，但是我相信还有更多的品牌应该抛弃这种过于平庸的定位，去找出一些真正能够代表你的价值、精神的东西，这是需要思考的。第二个事情，品牌在维护自己品牌价值的时候，应该要想一想什么才是适合你的。适合360的方法不一定适合谷歌，所以这个我觉得必须要把自己分出来。

陈：我再补充一点。这个社会在越来越碎片化地传播，我们应该反碎片化，你要想真的有辨识度，也许不要去跟那么多潮流，打那么多仗，也许真的是找到你的特性的东西，就是你说的磁铁，一个磁铁放在那里，用户肯定要被吸引过来。

社会化营销怎么玩

肖明超
商业趋势观察家、
知萌咨询机构CEO

金鹏远
环时互动首席知识官

陈格雷
盒成动漫创始人

社会化营销造假泛滥，行业标准难出台

陈：我们就社会化营销深入探讨哪些是最烂的案例、哪些是最好的案例。

金：我觉得这个好与烂没法说，其实无论探讨社会化营销也好、社交网络营销也好，大家最后回归到两个概念，第一个概念就是虚假。

陈：具体一点，是指虚假的转发量还是虚假的内容？

金：都有。我觉得无论是说你的内容造假、你的数字造假、你的粉丝造假，甚至可能未来我们通过第三方监测机构的汇总造假，虚假已经在这个圈子里边蔓延了。

陈：对。据我所知。哪怕世界上最有名的案例，里面都有很大的造假成分。

金：我可以很肯定地讲，在这个行业，没有一个里边没有假，无非多与少的问题。

陈：包括您也在造假。

金：我不会主动造假。

陈：你的意思有人非要给你造假。

金：对。因为比如说在我们有些转发比较多的帖子里面，当它推到头条、首页的时候，就会有一些手机号码谁谁谁，然后@给另外手机号码谁谁谁，约转发，一看就是假的。当时我们有一条帖子转发了五六万的时候，我发现里边至少有两三千是这种形式的，我也搞不懂是什么。

陈：那第二个，你刚才有两个。

金：第二是标准的问题，没有一个第三方的标准完全去衡量，营销也好、推广也好，究竟是以什么标准来衡量好与坏，我们现在的好与坏，其实很大程度上是我们把它单一地看，它转发有多高或者声量有多大。我们看到年底有很多不同的机构，评选了很多十大营销案例、十大经典微博。虽然我们经营的很多

客户榜上有名，但坦率地讲，不是说所有的、真正的案例都叫作案例。

陈：刚好我们的肖同学是研究标准的，你觉得社会化营销评判的标准应该怎么去描述会最好？

肖：我觉得还是比较难，我是做标准的，但是到现在我们也没有想出一套能够真正去测量它的指标。但是刚才有条原因是标准，这个我觉得是跟我们现在客户对社会化营销的理解也有一定的关系。

陈：你觉得不是标准问题，跟客户有关系。

小米的社会化营销解读

陈：这两年有一些社会化营销的案例，比如说小米、京东。它已经可以体现出来它的销量是不错的，而且很大程度上是跟社会化营销有关系的。

金：对于小米来讲，我觉得它确实通过社会化媒体造成了很大声量，但是，究竟有多少人通过小米发微博。

陈：小米是不是真的在社会化营销上实现了名利双收呢？

金：从声量来讲，小米没任何问题，因为从一些数据来看的话，它的声量确实比其他的互联网手机高很多，仅次于苹果，当然苹果本身是没有账号的。也就是说，你不开也未必会死。另外一点，我们因为有很多账号的监督，说实话，来自于小米客户端的微博没有他们想象的那么大比例。

陈：其实很多的响应并不是来自小米本身的粉丝？

金：其实小米做得最成功的一点就是，在社交网络上挨得起骂声，这点我觉得是很少企业能做到的，因为对它的辱骂之声其实跟它的赞扬之声基本上一半一半，甚至更多一点。对它来讲，我先不管它的销售数字是真是假，当然这里边绝对会有水分。只不过说，在互联网上，其实老肖应该知道，数据是不说谎的，尤其是真实的数据会告诉你很多故事。

陈：所以我想知道，你解读的数据有些什么东西呢？

金：比如说你用一部手机来发微博，它会显示来自于什么客户端，而来自于小米客户端的东西，真正抓回来以后，究竟有没有它所讲的那么多人用，这是关键。

肖：就是到底是你自己的消费者在主动地去谈论你，在贡献这些内容，还是说你在通过机器来操作这些内容。当然从小米的角度来讲，它用了社会化媒体，完全是社会化媒体的传播，做出了一个产品，卖得很好，但是它的问题在于，可能会有很大一部分只是在造一种气氛，它是在做一种看起来饥饿、看起来热闹的气场，所以会影响它的销售。

社会化营销模仿必死

陈：因为他追求的是气场，最重要是卖出去，我可以这么理解这个事情。他可能没有像你做杜蕾斯这么文雅。

肖：对，有个传统的手机厂商跟我讨论过这个事情，他们就说我们的营销太传统了，人家都不谈论我们，你能不能做到小米这样。我说那很简单，如果你要想炒个话题，你就说，所有互联网手机都要完蛋，你可能会有话题，但是你没有小米的可谈论性，因为你一年出三十几款手机。

金：是这样。因为不同的企业有不同的方法，如果小米不是雷军的，雷军手下没有那么多公司帮他去造声量的话，他也不可能这么成功。比如说格雷你去做小米，同样的手段，同样去做，你不可能成功的。就像我说的，在互联网上，你可能看到第一个成功案例是厉害的，你去模仿他，必死的，我没有看到模仿的案例成功的。

社会化营销的成功，宽进严出

陈：社会化营销，第一，它很难复制，第二，只有极少数获得成功。是不是说明社会化营销本身有问题？

金：我觉得现在总结社会化营销太早了，我们有什么经验可谈？大家应该低着头去做事。在做事过程中你会发现，其实越来越多的人重视这个平台，而且越来越多的品牌确实收到了利益。

肖：还有一个，社会化应该是降低了营销的门槛，这是很大的价值。当然你可以说现在数字化里面，其实门槛会越来越高，因为它越来越系统，大的品牌都进来了。

陈：你开一个微博很容易，但是你想造成声势是非常难的。

肖：你拍个电视广告，可不比开微博那么简单。其实传统的世界里面，也有很多品牌都还没怎么活就死掉了，但我们不知道。但是可能在社会化媒体上面，我们就会知道谁谁谁做了个营销，最后成功了。然后我们就评判说，你看多少多少能怎么样。我觉得还是要看它正面价值的部分，但是负面的部分，可能未来慢慢随着发展，能够避开。

社交网络的真谛：针对需求、学会倾听、人性沟通

金：对于社交网络来讲，真谛是什么呢？真诚沟通，找到消费者在想什么，结束了。但是大部分企业跟品牌是先把真谛扔开，去追求外在的形式，都想要一个"雨夜鞋套"这样的案例。

肖：就是大家都想当杜蕾斯。

金：这是不可能的，很难的。

陈：我发现一个特点，一个品牌营销能成功，跟这个品牌的气质有极大关系。有些品牌的气质天然适合，比方说苹果，比方说杜蕾斯、海底捞，非常相似。但是我想，不是每一个企业的气质都非常相似。

金：其实我对很多客户讲，你们开不开微博账号并不重要，你们只要去学会聆听就可以了。也就是讲，只要是消费者能主动提及。我们最近在做面对厨房的叫豪吉鸡精，是B2B的，不是一个像太太乐那种面对大家的。但是它为什么

要有微博呢？他说我们能倾听别人在说什么，在看什么。因为会有一些饭馆的年轻厨师已经开始上网了，但他们可能不在微博上，有可能在QQ群里边，他们有可能在当地的某个论坛里边，他们也有可能在58同城上，那我是不是应该让品牌去影响他们呢，因为互联网是谁都不可缺少的。

肖：还有一个应该是品牌经营方式的变化，就是互联网或者社会化所带来的变化，品牌不能再是那种传统的、高高在上的、自恋的形象。聆听也好，或者去开微博也好，实际上是要把自己变得更加人格化。

社会化营销要开放心态

陈：社会化营销有可能走入劣币驱逐良币的境地吗？

金：其实没事，因为客户都已经意识到这一点了。另外一点，真的永远假不了，假的永远真不了。而且我们与其担心微博会不会灭亡，你去用时间跟消费者沟通就好了。我觉得中国营销行业里边最大的问题是未雨绸缪，但实际上它们本身现在什么样自己都不清楚。

陈：因为中国人有个特性，他最喜欢的是你做成功一件事情之后，大家蜂拥过来做同一件事情，这种方法在传统营销还可以，比方说有一个保健品用粗暴式营销，效果不错。于是一堆的营销公司可能针对各种保健品用类似方法，也能收到一定效果。但问题是在互联网，或者是这种社会化营销里面，你会发现越做越死，你的方法是重复的。

肖：因为它越来越难标准化。之所以叫社会化，就是跟每个个体有关系，它跟社会有关系。如果标准化，你就没效果，标准化就是说我每天发一个微博都卖东西，消费者不屑你，但是，个性化还要考虑品牌调性，还要考虑企业的ROI评估，还要考虑特点。

另外你还要考虑企业老大自己能不能接受。有的企业老大说，我自己玩社会化媒体玩得很好，心态会开放。有的常年连手机都没有摸过，然后他说微博弄得太活跃了。

陈：刚才金鹏远说了一个很重要的点，小米能够这么做的原因，是因为小米能受得住骂，但是很多企业看见微博上有一条负面评论就已经很紧张了。

金：就像农夫山泉，以前没有微博账号，就因为大家在造谣，说两个水的资质不一样，然后他们就开了一个账号。其实我觉得都不用紧张，就跟一个人一样，你有人夸就有人骂，你经得起多大的荣耀就要经得起多大的诋毁，否则的话你不可能混下去。

陈：所以这其实是一个意识改变的问题。

社会化电视的猜想

肖：社会化媒体会不断地有新的出来，但是社会化的逻辑和社会化新的方式还会继续下去。新媒体，包括社会化的这些方式，为什么那么多企业还在关心，原因就是它比传统媒体有想象空间。所有社会化也好，各种新的数字平台也好，是在靠想象空间支撑它的营销模式。你现在说电视，说很多品牌，就会说贵，因为它没有想象空间。但可能也有一天变成社会化电视，它有可能以新的形态重生。但是我们并不能说电视死了，就像现在我们讲什么东西起来，什么传统的会死或者怎么样，其实它没死，它只是形态变了。另外，形态变的核心是消费者变了。

金：刚才老肖所讲的社会化电视极有可能，其实包括我们现在看的这种乐视TV的机顶盒，包括小米要做机顶盒。机顶盒这个概念，微软的维纳斯计划很多年以前就有了。

陈：还有三大盒子。

金：对。但那时候没有基础，现在因为微博给了大家这些基础，或者说因为社会化平台给了大家基础，我就可以在上边看，我可以看格雷刚刚看过哪些东西，我觉得你的审美跟我相像，我就不用再找两小时的单子，然后用一个小时看。

肖：我们有一个数据，有38%的人看电视的时候在用手机发微博、在社交。未来很可能变成形态的融合，就是相互的融合，然后再重新去创造新的整合营销，或者其他的一些创新的营销模式。

社交网络兴起推动企业的转变

陈：所以这些方法肯定它会在不断的变化当中，我还是觉得它会有打不通的时候。我现在觉得不是因为它特别特别有效，它可能某些爆发很棒，但最大的问题是它变化太快、他变化很多。

肖：就因为它变化快，所以它就有想象空间，它就需要创造力，有创造大家就往这个方向再去走。但至于说创造的优劣，今天不是大家特别去在意的，在意的是说我有没有参与。其实现在很多企业，它做不做微博、做不做社会化营销，它自己的想法说我有没有参与，我得先参与进来。当然有可能，你也可能会说，微博有一天就没有了，变成微信或者怎么样，但是企业认为我必须了解把握，但是在这里面它会有一些改变。

陈：所以这会造成企业另外的想法，到底过了三五年之后，微博还活不活着？所以从某种意义上讲，这种长线它会觉得意义不大，会不会呢？

金：大部分企业都这么觉得，大部分企业其实包括两个问题：第一个问题，有危机怎么办？第二个问题，微博没了怎么办？其实我一直在讲，微博有没有根本就不重要，我们现在还在做豆瓣的一些事，豆瓣跟我在8年前我上豆瓣，或者5年前上豆瓣时有区别吗？其实它的版式一直在变，但是你会发现，活跃的这些人扔到微博上照样活跃。留几手就是豆瓣上的。也就是讲，这些人不会变，包括豆瓣上爱好摄影的人，到微博上还是爱好摄影的，人的本质不会变。另外一点，人们从内心之中是排斥广告的，但他不排斥有趣的广告。社会化媒体真正要做的是有趣的广告。

肖：应该说品牌的内容化，或者广告的内容化有可能会成为未来的重要趋势。

金：有了社会化媒体以后，发现很多传统看起来很刻板的企业，已经在改变自己的行为跟方式了。比如我们现在看到人民网、《人民日报》，你觉得这像我们以前认知的《人民日报》吗?

陈:媒体的变化还好办一点。

金:媒体走在企业前面,企业同样也在变化。我们看到很多世界500强,包括我们讲联想的变化,如果没有社会化媒体,联想不会这么变化。

社会化营销,混沌中有趣

陈:对于社会化营销,如果只用一两个关键词或者一两句话,你们会怎么描述呢?

金:乱象横生之后会逐渐清澈。

肖:企业越来越人格化。

陈:我自己有两个简单的看法:第一个,我觉得有可能会更加失控;第二个,可能微博和微信达到了某种碎片化的极致,变成更加有沉淀一些。

金:博客重生。

陈:不是博客。

肖:碎片化重聚。

陈:我认为是碎片化重聚,碎片化这几年已经达到了某种程度了。反正才过了两年,不要去总结任何东西,都是有可能会变的。

金:在混沌中有趣。

广告人看车展

胡津南
凤凰网汽车事业部总经理

罗易成
时任灵智精实创意群总监

杨石头
智立方CEO

"性感"小车在中国的角色扮演

杨:"小"字会制造亲和力,而且现在所有的车都开始越来越偏向小车,是不是因为它会变得更加性感、更加独特,而且环保,对吧?

罗:对对,车展的模特穿得越来越少,胸越来越大,但是小车还是其中的一块。

杨:因为我看到大部分的大车都有一个怦然心动的目标,就是越小,它的颜色、它的性感度、它的价格越好接受。我观察到呢,是因为大部分的厂商都开始越来越关注往下落的这部分购买力,而不是在大城市嘛。现在的大城市都开始限购,有这个控制。那么小车在后续中国区市场中,你们觉得会扮演什么角色?

胡:我觉得几方面吧。就中国早期来讲,汽车主要是以中级车或者是紧凑车,或者紧凑SUV为主,那个时候理解中国人不是很乖张的性格,可能大家都喜欢统一,甚至很多人都是从蓝、灰、黑服饰时代走过的,可能说那个影响更统一化,可能车的尺寸也是,像您刚才说的小车。但是近几年来讲,我觉得随着我们经济水平、认知水平各方面的提高,小车变成一种差异化的产品。

环保与体面,小车能否兼得

杨:汽车界有俩狂人:比亚迪王传福、吉利李书福。王传福好像还是要主攻小车,而且价格越来越小,环保也时尚,绿色也达人。巴菲特投资他,有很大层面上看中的还是他长线的环保的价值。阿三你觉得,再往后走的话,环保这件事情会不会变成车的主流?

罗:我觉得现在环保有时候它会变成是一个噱头,当然大家都是往这一块在走。从企业来讲,需要增加一些小车。第一,一个品牌,它也需要年轻化。从消费者来讲,现在年轻人的购买力也很强,他需要有一些个性,他的意识也慢慢接近于我不需要那么大的车去装面子。但是另一方面来讲呢,我觉得他只是中间的某一块。因为实际上很多车到了中国还会出加长版,有L版。

杨：有。大家还是希望一个体面。欧洲很多小宾馆，它大厅都很小，中国的宾馆都一定要很大，对吧？

罗：对，所以在欧洲两厢车很多，但是到了中国，不但有三厢车还有加长版的三厢车。

车展厂商有哪些营销手段

杨：如果你换下一辆车的话，那这些信息是通过车展得到的吗？或者说会密切关注车展所发布的一些信息？

罗：其实车展是很少的一块。

杨：如果大家都不是从这儿获得信息的话，那一些厂商在车展中间用营销的各种手法赢得消费者的关注，那它为什么呀？像这些汽车厂商，这些汽车品牌，还有什么新的营销手法能够在这个部分神采飞扬地亮相？

罗：除了靠那些很暴露的身材很好的车模，也有一些厂家会请到明星，这个档次就会比那些一般的车模制造的话题可能显得高端一点。还有就是整个全球来讲，很多汽车厂商越来越觉得中国市场非常重要。那些大佬们可能因此都会来。

胡：成熟的企业可能在日常生活当中已经对这个品牌有非常精细的经营了，就像刚才咱们说的这些国际大品牌也好，还是我们现有的这些相对比较领先的自主品牌，在车展期间都会是他们日常运营的一个延伸，主线应该还是跟它的主品牌的思想保持一致的。

杨：我发过一个对比照片，一个是法国巴黎车展，一个中国车展。法国巴黎车展的那个女人呢，素养幽雅，一身黑装，然后戴着项链，她给人的感觉是什么呢？就是这样的人开这样的车。可是呢，我们这边的车展就是，哇，一身暴露，暴露得几乎只剩几根布条了。然后它给人的感觉就是说开这样的车可以得到这样的人，对吧。这样就变成一个不同的心理暗示，对吧？

罗：我觉得还没那么强，今天这个车模站在这里暴露了，然后开这个车就可以得到这样的女人，我觉得还是符合中国国情的，中国人还是喜欢看到这样子的表现形式。

中国自主品牌发展要有自己的模式

杨：所谓大国跟小国，其实不来自于国土和疆域，很大层面上是来自于它的品牌影响力、企业影响力。比如说俄罗斯在全球很难有什么产品的品牌影响力，而韩国实际上是全球大国。那如果作为国家战略来讲的话呢，自主品牌，你们觉得还有上升空间吗？如果它要走一条能够不断迸发出影响力的路的话，它需要什么样的条件？

罗：自主品牌有一个挺大的好处，就是现在不缺钱。我觉得只要自主品牌稍微有点诚意、有点耐心，把工作做好。因为车这一块还是和我们很多的方面息息相关，就是它是不是够安全，你的技术到底是一个花哨的东西还是一个实用的东西。

杨：汽车属于高端精度产品，要不断地由相信，再到信赖，这个信赖的过程没有那么快。

胡：所以我说中国的自主品牌其实很幸福，因为我们拥有一个全球最大的市场，它有时间去成长、去发展。

杨：广告界有欧美体系，有日系，但是中国够大，所以它有机会形成自己的体系。再换成车的板块，因为这个市场够大，它不像韩国和日本，它出生的时候必须考虑外部条件，它必须要考虑出口，否则活不下去，是吧？那么在这个中间，是有机会慢慢培育的，但是这个自信好像不是那么强烈。那你觉得什么东西可能鼓励这种自信，可以让大家坚信它一定能起来。

罗：我觉得现在不能从"国货当自强"的角度去打民族牌，没有意义，还是就是找准，你对他好点，他就对你好点。

胡：随着我们设计水平的提高，我们的产品水平已经提高到能够跟一些进口品牌来竞争。当然其中也吸收了很多进口品牌的优势。自主品牌首先得产品力看来不错，再加上有中国的民族牌来打，前景应该是会很好的。

杨：我在想这中间可能得有一些方法，比如说，怎么更好地创意的方法。因为创意对于中国人来讲，其实它除了创造技艺、创造生意，还得创造意义。对于深入人心的品牌来讲，它的本质还是哲学，它的感觉是科学。操作艺术，如果它不足以是一个哲学的话，只是飘在面上的，时尚和时髦这种东西，风一吹就跑了。

疯狂看美剧

李骥
威汉营销传播集团
董事总经理

陈愉
美国洛杉矶前副市长

罗易成
时任灵智精实创意群总监

罗：我是阿三。我们先将话题锁定在美剧。陈愉小姐您作为在美国生活那么久的华裔，美剧对您来说相当于国产剧对吧。那边电视制作环境是非常好的，那您平时看电视剧是通过电视、上网还是买DVD来收看？

陈：我们多半不会买DVD看，除非是一个很旧的电视剧，可是我们现在都有很多很好看的电视剧。我们也不太会上网，有什么电视剧也许是星期天晚上演的，可是我们也许星期天晚上没有空，所以就会当时录，回头随时都可以看，孩子们上床以后，我们就可以坐下来看，一次看两三集都可以。

美剧给中国广告业带来的营销机会

罗：再问一下李骥先生，您作为美剧的发烧友，可能这几年或者是更长的时间一直集中地去看美剧。您是不是因为对我们的国产剧太失望了，所以才会选择去看美剧？

李：对，失望，甚至有点绝望。我已经十几年不看中国的电视了，包括我后来有了孩子，孩子在家里面长大，我们家里面不看电视的。不，除了孩子的动画片我们买碟给他看之外，公共电视的节目基本不看。

罗：是不是电视都可以当废品卖掉了？

李：电视机不会，电视机有用，但是电视节目不敢说。我看电影有20年，看几千部都有，但是这些年看美剧很多。我发现这几年美剧一下子变得就很厉害、很蓬勃，选择很多，就只能追那么几部，同时追着看太花时间了。

罗：同时我们又是作为广告人，你在面对客户的时候，会不会用到一些美剧里面的演员来推荐给我们的客户，某一个产品适合的时候，给他做代言人？

李：我觉得会考虑，但是不会考虑很多。因为什么呢？因为当时《越狱》的成功是一个现象，它不是总在发生的，现在你找不到一部美剧像当时《越狱》或者《迷失》那么突然之间爆发的，找不到的。也就是说电视剧的演员作为明星来讲的话，现在他的影响力没有当时那么大。

罗：越来越小众。

李：对，小众。因为现在细分，每一个群体看一种剧，也许在年轻人或者在创意圈子、文化圈子很流行，但是在一般的消费者里面，其实影响力没那么大，可能不如韩剧、日剧影响那么大。

罗：对，它的观众基础可能更大一些。

李：对，回到我们做广告，给客户品牌推荐代言形象、代言人，最重要的还是流行度。现在国外的小众的电视剧明星，基本上还没法跟国内的这些大牌比。

陈：电视跟电影有一点不一样，因为原来美国电视没有那么厉害，只有每年几场最主要的电影，那些明星就会特别特别大。现在美国市场的电影不像电视那么好。现在我们有很多很多特别好看的电视剧，每一个电视剧里面有很多的演员，而他们每一个人的影响力不可能像以前的电影明星那么大。

国产电视剧广告的困顿与迷茫

李：现在我们的行业太过于满足迎合观众的口味，过于习惯于一个流水线的作业，投资人都是投那些最容易、最安全、能够赚钱的电视剧，所以整个行业呈现出大批量生产的拷贝的状态。

罗：从主观上过于急功近利。比方说国产剧《乡村爱情》，我在看第一集、第二集的时候，其实觉得挺好的，但是后来它会植入很多的广告，比如说有牛奶的，忽然给你一个大特写，然后有白酒。还有一款车也进来了，这个主人公开这个车，先给这个车360度来一个特写，然后展现一下。这其实就会影响到这个电视剧，我去看的时候会越来越恶心。所以我们的职业操守，它其实也会影响电视剧制作出来的效果和品质。

李：这个不是职业操守问题，是经济问题。因为电视剧总赔钱，所以必须弄一点多余的收入。这一切都是经济因素在后面。如果建立起一个健康的模式的话，我觉得人的素质也好，还有操守也好，那是可以改变的。现在我觉得我们不存在体制的条件。

陈：那你觉得中国的电视剧应该如何赚钱？

李：我觉得这个体制来讲，广告是一个层面，但是我觉得我们中国的电视行业最重要的，可能像您说的付费电视，这种模式我是希望能够建立起来的。

陈：在美国的广告世界有一个说法是，如果你不再付钱，那你就是商品。

罗：所以我们做广告的人，其实有时候是很分裂的。一方面我们想自己做广告让更多的人看到，一方面我们又想把这个广告避开。我不知道您那边会一样吗？

陈：我觉得一样。

电视消费习惯的改变推动电视广告革新

李：在美国，付费电视变成一个很主流的收入来源。像HBO拍那么多美剧，可能单集成本都相当于我们拍一部电影，就是特别大的制作，然后他跟我讲，HBO建立的就是付费模式，在观众群和收视家庭达到一定的规模之后，贡献的财力非常强，足以支撑HBO这些公司去投入到制作里头。所以这个也是它市场机制成熟的一个地方，但是我们中国还没有。

陈：你说得对，应该是这样子的。你喜欢你就买，不应该是通过广告，可是你广告公司就惨了。

李：这是另外一个话题，咱们今天不多说，但是广告必须远离传统电视的模式。以前我们依赖于电视，拍个电视广告片就已经做完了，但是现在要做很多，片子要拍，然后去做视频，在网络上传播，平面，然后各种体验。

陈：那你想再过十年二十年，是不是没有电视广告了。

李：我觉得不会，因为这个观众群体是极其大，特别是在中国。比如说中国有十几亿的电视观众，可能有十亿的电视观众都已经习惯了传统的电视节目，不付费的或者是政府的这种宣导导向的，这些观众你没有办法强迫他付费。另外的人，我觉得一定要走向新模式，我们这个行业如果不在根里面去改，建立新的商业模式的话，一切都是虚谈。我觉得一个是商业模式，一个是政府管控，这两个。你看为什么现在政府对电视节目管控那么严，因为任何一个节目，13亿人都可以看到，所以它就很害怕，如果里面有什么不妥的地方，那就是很大的问题，但是如果一个电视节目，或者一个电视台只有1000万人口，是付费的，1000万之外没有人去看它，你心理上就轻松一点，我就不用那么管它们。

数据挖掘技术对美剧创作的影响

罗：美国的总人口比中国要少很多，但是它的总人口其实也在分流，就是我有我喜欢看的，你有你喜欢看的。有一个片子叫《纸牌屋》，它实际上是基于最新的大数据的这样一个概念拍出的美剧。

李：我发现它们后面的整个模式是全新的，它其实不是调研的概念。好莱坞的编剧他们都会做调研，找一些观众来，他做数据挖掘，然后它的出品公司，大约有1100万的观众群体，就像陈愉这样的，这个是付费的。

陈：对。

李：你是他的用户，所以你的行为就被他记录下来了，所以他在他的数据库里面知道你会录哪些节目，哪些节目你会怎么样去看。

陈：我每次上他们的网站他会说Recommend for you，所以我要继续去买。

李：他慢慢了解你的收视习惯，然后他对1100万家庭的收视习惯有了大量的数据累积。大概花了一年多两年的时间之后，他就分析他们的行为，发现重看《白宫风云》的人很多，政治题材、白宫题材，还有一些性，证明政治和性的这些东西对这个群体是非常有吸引力的。

第二个，他们喜欢什么样的电影呢？他们发现一个导演叫大卫·芬奇，这个导演在这群人里面特别受欢迎，喜欢什么演员呢？发现Kevin Spacey非常棒。所以他们就有一个大胆的想法，我们来做一个Drama剧，美国白宫政治党派斗争的，凯文·史派西主演，大卫·芬奇来导演，几个成功要素，只要合在一起的话，这个东西会不会成功呢？数据分析的结果告诉我一定会成功，所以Netflix他是一个从来没投资拍过电视剧的，这次投了1亿美元拍这个《纸牌屋》，就真的成功了。这个不是凭空臆断出来的，是数据造出来的。

受众细分成为美剧精准抓取消费者的重要因素

罗：我们现在拍这么多的清宫戏，然后所有的谍战剧，还有抗日题材的，也是在迎合一些人的审美取向。刚才您说的这个《纸牌屋》，实际上也是在了解我们这群消费者，这群观众喜欢什么样的，他其实也是在迎合。

李：你看这个剧之后会发现，虽然这个题材本身符合大家的兴趣点，但是你在跟这个剧情的时候，它有很多新东西是给你眼前一亮的。比如说信息量是极其大的，特别快，说话特别快，节奏特别快，然后抓在那个地方根本不能走神的，你走神就看不懂下面的。我觉得《纸牌屋》的信息量是很大的，它不是普普通通迎合你，它是挑战你的智力，你跟不跟得上我的节奏。

第二个是深度。就是说我们是中国人，我学过一段时间美国历史，知道一点美国政治，但是对我来说基本上有一小半是看不懂的，太深了。关于美国民主、美国政治等美国这些东西，看不太清楚，可能你们会懂得多。

陈：因为我原来是洛杉矶副市长，所以像我看了一些东西，就特别高兴。所以我觉得你说得很对，你要看House of Cards，你会感觉你可以从一个比较浅的深度看到它，也会感觉很新鲜、很好玩，我是政治人，我也会看到有很多Inside Jokes，感觉很好玩。

李：所以它迎合里面是有引领的。

陈：我想问你一个问题，你觉得像你刚才说老百姓看的都是不付费的，然后这个是一个很内行、很高端的，你想老百姓会喜欢House of Cards吗？

李：不会的，一定不会。我觉得未来一定要分清楚，House of Cards一开始创作的理由就是先让我这1100万的现有观众满意，然后传出口碑去，明年变成2000万。美剧有很多很多片型，然后每个人就会有机会找到自己的一个兴趣点或者两个兴趣点、三个兴趣点这样子，于是最有兴趣的就是说观众的兴趣分群和这个节目本身的这个定位匹配了，这就是一个很健康的行为。现在我们的电视剧就是很傻大黑粗，所有人看我的这些东西，就不细分，就是跟做品牌一样，它不细分之后就没有深度。

陈：所以你花这么多钱在一个免费电视节目上，可是大多半都不会买你的，最好你能找到会买你的商品的人，然后在他们的身上多花一点钱。

李：对，因为我相信市场的规律和自由竞争这样一个道理，比如说加油站，中国石化、中国石油它有兴趣去做市场细分吗？

罗：没必要。

李：没必要，它垄断这个行业，因为资源垄断之后，所有人同样价格、同样加油站、同样服务就完了，这就是我们做电视的心态。中央电视台说全部中国人都看我们的电视，我就不要再去搞什么东西了。所以春节联欢晚会现在变成这样子，它怎么会不丢掉观众呢？

中国可否有 Netflix

罗：所以对传统电视，反正我比较悲观，我觉得这几年可能都无可救药了，相对来说互联网，很多视频网站都比较发达了，它们可以细分一下。

陈：如果可以像 Netflix，做很多调查，可不可以在互联网做？

李：不可以。第一，视频网站也是要审查的。第二，现在视频网站不是像 Netflix 一个专业化团队来做这个东西，大部分视频网站整个班子都不够强，因为我们整个行业都缺人才，都不够强。

罗：偶尔有一些，国产剧也不是完全没有好的。

李：比如说当年拍《走向共和》那个团队，那个片子真的是震撼，它重新解构历史，它重新去看历史。后来他们团队搞的《人间正道是沧桑》也不错，他们对近代史有一些反思。

年度最强PK

赵军
知名营销人

李骥
威汉营销传播集团
董事总经理

陈格雷
盒成动漫创始人

新的竞争环境催生PK升级

陈：过去几年发生了很多很强的PK，比较经典的有微信、来往与易信的PK，还有在电商领域天猫、淘宝与京东的PK，我们公认为是世界大战级的，就是被称为双马同槽的微信支付和支付宝，也是跟整个腾讯、阿里系统的大战。

李：我印象里是加多宝和王老吉。

赵：我感触最多的还是微信和支付宝。

陈：我觉得它跟传统的品牌竞争不太一样，它真的是有点零和博弈的感觉，就是它打的不是品牌层面或者传播层面的硬感受，其实是刺激你的消费习惯。相比3Q大战，我觉得就不是一个级别了。3Q大战的层次没这么高。

李：对，我觉得很多PK都是停留在营销和传播层面的。

赵：我们说得俗点，就是打嘴仗。但是现在随着互联网的这几个商业模式起来，竞争白热化，就是有你没我，速度来得非常快，排山倒海，比如我们看微博几年前那种垄断的状态，可是也就在一年多的时间，一下子就垮得不行，就完了。

陈：如果从历史相比的话，我觉得很像春秋时期的战争，和战国时期的战争不同。春秋时期的战争是诸侯国战争，是讲礼，我把你打败了就打败了，服的军队就把你放回去。但是到了战国时期的战争呢，它是强调剥夺对方的有生力量，也就是说我真的把你打败了，让你真的弱小，所以其结果是秦国统一六国。

互联网不止是快，而是占有，就是它真的会吃掉你的固有地盘。两位怎么看下一步的竞争？

什么是高水平的PK

李：我觉得加多宝和王老吉的战争呢，跟刚才说的这个微信、微博、支付宝这些战争性质是完全不同的，它们是架构在同一种商业模式上面的竞争。然后那个水准是一样的，就是打乱仗嘛，就是谁也不比谁的招式高多少是吧。我个人觉得这两家是双输。

陈：有人说打着打着，两家公司就成可口可乐和百事可乐了。

李：也有可能。但是这几年打下来之后，总体市场份额其实还在品牌之间转换，因为它们太过于把精力都放在对方的弱点上面了，而不去思考产品如何能发展。我们看不到"怕上火"这样的诉求，我们只看到互相之间的攻击。然后市场并没有扩大，这两家也白白浪费了很多资源。这种PK，我认为它是低水平的。

赵：这种低级的PK还有一点致命的错误，就是离开消费者，老想着攻击对方。可乐、百事打了这么多年，最后的结果是双赢，让大家更关注，觉得更有意思，对它们的消费量加大，它是双赢的一个结果。

李：我们虽然竞争，但是大家是互相尊敬对方的竞争，咱们中国很少见的。

赵：这个跟传统可能有点关系。

陈：成王败寇嘛。

赵：互联网时代的PK，有点像战国在布局，是很有智慧的PK。

陈：所以你看腾讯入股大众点评嘛，我们大家都立刻反应过来，这是微信和阿里之战的一个要害，因为大众点评刚好站了一个非常重要的位置。这点就特别像春秋战国时代某大国打另外一个国家，于是就把中间的国家给灭了。

PK的三个层面

李：我觉得PK是三个层面。最简单和最直接的其实是营销和广告的竞争，第二个层面是产品的竞争，它们这种就已经是模式的竞争了。

陈：第三到第四级了。

李：对，包括资源的布局啊等等。所以现在市场经济、自由市场这种竞争机制和刺激出来的商业智慧，这个是最好看的一种竞争。

陈：这个是最高级的。那像这种高级别的战争会进入到传统品牌吗？

赵：其实互联网思维的核心点，还不单单是快，应该是一个词，叫"去中心化""去权威化"。它不是自上而下地渗透，它已经散布在非常多的群众里头，纵深的网络里面，之间互相的联动带来巨大的力量。我们现在的营销变得特别碎片化，特别要讲整个的布局，极其累。

陈：我觉得非常累。

赵：非常累。现在，小到每一条微信怎么写，微话题怎么设计，然后视频怎么弄，再加上传统的PR那些东西，已经非常强烈地要求要进行改变。现在营销、传播、广告这整个格局已经不用再谈了，它已经是另外一个篇章的事了。对我来说，改变得非常大了。

马云困惑的猜想

陈：我有一个疑惑，现在叫碎片化了嘛，碎片化战争的最大特点是两种情况。一种是它传统的正儿八经地打仗，比方说我们在中央电视台买个广告，还有就是像微信那种攻击方法，你们作为营销传播专家，假如你的客户是马云，你会提什么建议呢？

赵：我觉得我们这个行业能起到的作用是极其有限的。如果对阿里来说的话呢，其实我觉得我们只能说，帮助他们，如果能杜绝一些不太合适的营销行为，可能还不错。具体给人家一个什么解决方案，我不觉得我能给到。

陈：好低调。

推来往是阿里"家长制"文化的体现

赵：我觉得马云推来往，是吧，这些手法是不对的，不符合互联网思维，不符合现在的情况。

陈：而且不符合他的基因。

赵：不符合基因？

李：也不一定，因为我跟阿里还是有接触的。你比如说，我给你举个例子，大家都说他模仿特别强，他们每个人都有一个绰号。

陈：武侠世界的绰号。

李：武侠世界的绰号，其实不是绰号，你在他的名片上面看不见他的真名是什么。我就想一个问题，他们说，我们公司文化特别强，演戏或者是联欢的时候，全是来演一段金庸的事情、古龙的小说这种的。文化特别强，但是我反过来想，这种文化是谁的文化？这是马云的文化，如果我是一个特别不喜欢武侠小说的人，我要待在淘宝里面工作，我就得走了。所以呢，你说他发动员工去推这个、推来往等等，这种做法，跟他的基因还是有点像。家长制，说得不好听点就是权威主义。

陈：还有偏营销化，不够产品化。

李：对。所以我觉得这个方法是不对的，我当时看了之后，我觉得这不应该是马云做的事。

赵：他之前的做法是有问题，用了一种对抗的方式，我认为现在大家该想着如何共赢。微信在做这个，他对你是有威胁，但是你要想着自己如何做得更好，该补的地方如何来补。这个市场是很大的，我不相信有一家可以把它完全吃掉，他应该考虑下一步布局。移动那时就是在布局4G，一直在布各种基站啊什么，所以移动是第一个把4G推出来的。它布局的结果就是覆盖面，大家用移动的原因就是没有死角，因为它的覆盖面能够非常广的话，我哪怕牺牲一点点速度也行。

李：就是说避其锋芒，易信和来往在目前这个领域之内无法超越微信。我觉得现在这两家公司有点霸王硬上弓的感觉。其实我可以把这一块先放在那儿，把我自己的阵地巩固得更好，再去想一个新的模式，可不可以从另外一个角度去超越微信或者有新的东西。

因为在商业里面，我觉得最美妙的东西是，竞争是没有极限的。为什么一定要出一个跟人家都差不多的产品,非要去通过营销的方法抢用户呢? 我觉得这个好像是不会赢的。

陈:有人还提了一个建议,说其实阿里用错了地方,应该把支付宝的关系网给建起来,而不是说发力在来往,这种说法您怎么看?

李: 我觉得有可能,我觉得支付宝是一个非常成功的产品,它是一个以电商和支付为核心的产品,说不定它的机会会更大一些,也就是说支付宝移动化。

陈: 我觉得还有一个社会化。

李: 对。然后社会化,再跟淘宝的移动客户端形成某种结合,让你很方便地在你的手机上面可以上淘宝购物和支付,对吧。如果是采取这种产品形态,就是对自己现有的竞争优势的延伸,而非到一个你不熟悉的领域里面去对抗一个极其强大的对手。

高手布局的取与舍

陈: 我有一个朋友叫白鸦,原来是支付宝的,他说其实支付宝早在5年之前就规划出来怎么做社会化了,但是因为和淘宝、天猫的商家体系有冲突,就放弃了。如果是真的话,阿里是为了保天猫和淘宝,就没有把支付宝做得更强一些,以至于微信可以在这个地方出手,我觉得还是和布局有关系。

赵: 从公司内部来讲的话,他们为了保那个放弃了这个东西,腾讯是为了不让别人消灭自己,自己先把自己干掉。

李: 自己先消灭自己,QQ移动做不下去嘛。

谁能干掉微信

赵: 到底谁能干掉微信,有一种开玩笑的说法是说三大运营商,电信、移动、联通如果联合起来做一个这样的产品的话,那就比较容易干掉微信了。

陈：但是平心而论，我还是觉得最多只有40%的胜算，来往不到10%。

赵：他可以用别的方式啊，因为手机这个东西在他手里控制着呢。

陈：问题是你离开微信了，你的朋友还在那儿，你怎么朋友沟通呢？你只能打打电话，你怎么说服朋友用来往。这个事情不靠谱，你的朋友不会因为你来往开了，他就会来，这个事情是很难做到的。

PK到底有没有底线

陈：所以回过头来你们觉得PK的底线是什么？

李：我们做营销传播还是有底线要守的，违反大众道德规范的事情还是不要做的好。第二个是公平竞争的原则。

赵：我提一个反方面的观点，我觉得没有底线。没有底线的好处就是让那些该死的快点死掉，让那些有智慧的能够活下去。

陈：不择手段？

李：就好像东莞扫黄，得到了全国人民的同情。

陈：我都很诧异了，就是同情的程度是很大的。

赵：所以，他愿意打你就让他去打，而且这个东西该打的时候他就会打，不该打的时候你让他打，他还打不起来。

陈：加多宝和王老吉再怎么打，蒙牛和伊利再怎么打，还是以口水仗为主，不会把你的生计剥夺。但是你看360周鸿祎的崛起，他每成长一步，后面就倒下一批，因为他是免费加直接卸载，杀毒行业消失了。回到丛林法则的概念，是说谁赢了，对方就没活路了。我觉得这个事情非常残忍。

世界本无创新，只有发现

赵：自然科学家到达巅峰的时候，一抬头，发现佛学家在上面。记得有一次老师上课说到创新这个问题，突然意识到一点，实际上这个世界是不存在创新的。

陈：那你觉得？

赵：只存在发现。就是万世万物，所有东西都在那儿。

李：都已经在那儿了。

赵：乔布斯一直在修禅，自己打坐，他说我没有任何创新，我只是看见了别人看不见的东西。那些真正有智慧的人，他心把尘土扫，他能够看见一个东西，他看见了之后，就看见一个需求，他去满足这种需求，那个可以被称之为创新。他用某种东西来满足了某种需求。所以说，其实苹果是这个例子。包括现在还在做创意的人，如果他们能够意识到一点，包括在做电影的人，不是说你写的本子怎么样，而是说你是不是看到了别人需求的东西，然后用你的技能去满足那种需求，这就是最伟大的创新的东西。

陈：听完你这个突然有一种感受，PK最后的胜者，其实是那个最善于发现更牛需求的人，而不是PK本身有没有胜的人。PK本身是决定不了什么胜负的，谁能发现那个点才是最重要的。

李：我觉得PK是必要的，也是需要存在的，它加速了整个市场淘汰的速率，然后让新的更快来到、旧的更快消失。PK要谋求高级的PK，不应该太多地陷在无聊的使绊子的方面。

赵：我觉得PK一定存在，如果说最后是在跟自己PK，它就真的成了。

陈：超越自己了。

从冯氏植入看中国电影营销

李骥
威汉营销传播集团
董事总经理

徐卫兵
DMG娱乐传媒集团
品牌总经理

陈格雷
盒成动漫创始人

陈：我们来探讨互联网时代广告植入电影的问题。我想问两位觉得近几年最有代表性的广告植入电影的案例是什么？

李：听到很多传言，比如说像《私人订制》这样的电影好像有一定的争议。

陈：那你觉得《私人订制》是一个比较好的广告植入吗？

李：就《私人订制》现在的效果来讲，我很怀疑，据说是8000多万是吧？

陈：对，植入了好多品牌。

李：好多品牌，然后我就注意了一下，也没记住哪个品牌在这个电影里面得到曝光，或者各方面特别强的。我觉得大家是去起哄，去参加这个。

陈：主要是冯小刚的招牌。

冯小刚是中国电影市场的一朵奇葩

徐：近年来有一个大的情势，中国整个的国产片，表现远远好于国外的，这是第一次赢过来。不光是票房成功，整个在营销上及娱乐营销上客户也很看重。像刚才你说的《私人订制》，其实冯小刚可能在中国电影市场是一朵奇葩。

李：他可能是唯一可以称得上是有票房号召力的电影人。

陈：**他这叫广告植入号召力，除了票房号召力之外。**

徐：对。这两个是相提并论的，有一个心理的因素在里面，比如一般来讲的话，广告主，他的老板、他的大领导都知道冯小刚。

陈：**张艺谋虽然也很有名对吧，但是好像他的植入没有冯小刚的明显。**

徐：客户最基本的判断就是你的上座率和你的票房，这跟你的媒体价值是有关系的，就是你可以评估。

告别《私人订制》，冯氏电影植入批量化生产

陈：刚才李骥老师说了，《私人订制》不够成功。

李：太多的产品和品牌硬性地植入到剧情里边去，跟剧情、跟人物毫无关系，大部分沦为道具性的产品。

徐：我有个不同的看法，就说你的植入，比如我今天是一个品牌营销人对不对。我想把我的品牌放在一个媒体上，我做给谁看的？有的不一定做给消费者看。

陈：经销商？

李：做给老板看的，做给老板的家人看的对不对，还有，比方你说的做给经销商看的。到时候组织很多经销商过来包场看电影，那这个可能跟片方会达到一个很好的合作协议。

陈：那么你觉得怎样植入会比较成功呢？

徐：我最初进入电影圈是从《杜拉拉升职记》这个项目开始的。首先你要让导演认同你的这个事情。我当时做了马自达这个客户，三部车跟这个角色绑定，这样的话这个角色在里面就有一个生命了。这个一定要做到剧情上很自然的，包括传统的，或专门干这个事情的。这边是电影的片方、制片团队、导演制片团队，这边又是客户方，通常客户的要求都是很无理、很粗鲁的，然后这边的要求是不给的，提什么要求他都不答应的。后来我们想了想，我们不要中间人再传话了，我们就开一个会。

陈：我插一句，我听说好莱坞很多植入是不允许这么做的。

国内娱乐营销代理商要争取国际话语权

李：娱乐营销你的代理商要很强、很专业。

陈：我举个例子，《变形金刚》是伊利的植入，据说伊利给了很多钱，但是伊利

根本不知道电影方会怎么处理，基本上电影方自行决定。当然我承认这点是因为《变形金刚》很牛，以至于造成了在《变形金刚》里面喝伊利奶的人不是特别理想。你们两位觉得这种效果好还是不好？

李：《变形金刚》的那个项目，我觉得有好有不好。好处在于说毕竟制造了新闻，获得了一些眼球，但是它的营销效果和花的钱是不是成正比，我们还没法预测。现在中国企业植入一个国际大制作，你还没有获得话语权，虽然有钱，不见得一定获得话语权，因为你没有进入它的圈子，你不熟悉它的整个生态，没共同语言怎么沟通，对吧。

电影植入成功与否不看"口水"看目标

徐：很不错的。我们在电影上看到很多广告牌，变形金刚站在那，旁边画一个舒化Milk。

李：它这个还是要转化成很多的营销行为才行，只是靠电影还不够。

徐：一点点，然后无限地放大就是。

陈：其实也就是说，我们对于电影的植入标准挺多重的。它不是一个单一的标准，一定体现我的品牌特征，往往还是记忆力排在第一位。还有一个植入大户，就是《爸爸去哪儿》。严格意义上讲它不是电影，它就是个节目。

李：这个特别难说，因为第一呢，跟这个行为所立的目标有关系，我反正让全天下人知道我就完了，跟品牌喜好度、好感度一点关系都没有，你骂我也没关系，你不是知道我吗？那这也是一种目标，对吧。

陈：对。

李：另外就是说，大家都知道我了，不过我得靠娱乐题材和内容去影响消费者对我情感的关系，这又是一种目标。这是不一样的，对吧？第三呢，播放之后的效果评测，因为我也没见过很多这种数字，尤其是测试说受众在知名度方面、认知方面和品牌回响方面的数据。

陈：这个有没有一个专业的标准、体系和系统去评定？

李：有吗？你觉得？

植入广告只是营销的一部分工作

徐：好莱坞有，很清晰的，中国肯定没有。但是好莱坞基本上已经做得非常成熟了，这个取决于三方是平等的：品牌方、片方，然后广告代理商，这三方平等。大家一起做创意，都是为了把这个事情弄得特别舒服。

李：像"007"《天幕》的电影里捷豹还有路虎，两个车的植入是非常强的。《天幕危机》这个电影的植入营销做了大量的本地营销行为。经销商请目标顾客或者是现有的客户看电影，然后搞点儿抽奖什么的，特别简单的行为，但是是经销商营销层面最受欢迎的营销行为，它对销售的拉动是特别直接的，不是说哎哟大家都知道这个车了，这个车漂亮，完了。所以我觉得电影营销本身，植入只做了营销工作的一半，最多是一半，它只是起了一个题材，提供了一点资源。你能用好这个资源，再往下推，再往下渗透，落地那儿还是要考验功夫的。

微电影和传统电影的区分

陈：想请两位谈一下微电影，怎么把它做得更好？

李：微电影有点伪命题的概念，因为它基本不上院线。微电影是产生于长广告，不像一个广告插入的电影，它本身就是广告。很软很软性的广告，本身跟广告、品牌有很深的联系。

徐：只有你在一个大黑屋子里面，灯都关掉，然后一堆人沉浸进去两小时，这叫电影。微电影本身可能不是一个电影，所以能够娱乐大家，能不能上电影院放，这可能是微电影的另外一个出路。微电影最应该做的事情有点儿像短片，就是国外那种艺术的、探索的、实验的。微电影的定位应该很清晰，它其实对整个大电影的发展有很重要的作用，是排头兵的作用。

陈：我看得稍微乐观一点，微电影，我叫四象皆有。有些微电影完全是广告，有些微电影完全是艺术探索，有些是它们的结合。所以微电影是一个很含混的概念，它可能同时把很多不同的东西都放进去。

徐：但是作为一个电影作品来讲的话，10分钟、15分钟还是有点短。所以我的想法，短片这种形态对于大电影的促进作用会被看到，作为一个创作和实验性的电影会做出来，除了你说的院线，将来中国会有艺术院线的，小众的艺术院线。

李：它会做得越来越好，所以现在的微电影只是还没有类型化。

徐：连一个行业协会都没有，连自律都没有。

陈：还有一个趋势已经很明显了：微电影在向网剧发展，比如说《万万没想到》非常红，应该是有史以来最红的网络剧，可以不断拍下去。如果一个网剧积累了很多口碑，自然会吸引广告植入，这条路也蛮有意思的，就是各种东西在融合吧。

李：网剧这块儿会发展，视频网站，已经看得越来越清楚，而且条件、资金各方面越来越具备了，要做自主节目嘛。

陈：对。

李：但是，可能现在人才、视频网站和网络界的吸引力度不够，而且也是商业模式的问题。当人们证实了说拍网剧能够有充足的商业回报，很多好的本子、好的人才就往里面走了。

陈：对。

李：我是比较看好这一块的。

陈：网剧跟微电影不同的是，微电影是一炮过嘛，风险非常大；网剧即使第一炮没有红，只要有潜质它可以继续发展下去。

李：对，微电影跟网剧的关系就有点儿像电影和电视剧的关系。电影其实是个赌博，没有人真的可以保证说红或者票房怎么样；但是电视剧是有规律的，电视剧根据人们的收视习惯等，基本上按照故事类型、导演、演员，这几个东西到位了，基本上可以预期自己的收入。

徐：它在黏住一批观众。

电影植入广告变革的契机在哪里

陈：回到广告和电影的营销结合，在未来会发生的转变或者最大的契机在哪里？会有什么变革的东西？

徐：中国目前的市场情况，我有时候把它比喻成中国大多数人还处在看电影是为了视觉特效，然后能有话题聊的层次，要发展到看电影纯粹为了个人内心的感受，不会在意别人要看什么，处于这么一个阶段。重要的是，电影足够伟大的时候，再植入已经不是很重要了。接下来的是，每个导演做一个自己喜欢、观众也喜欢、能够留下一种东西的作品，这是第一步，这个机制、模式得健全起来。第二步，品牌也一定要找到自己的、适合你的、门当户对的、跟你的受众非常符合的作品。

陈：对。

徐：导演找到自己的风格定位了，创作出自己的作品了，各方定位清晰了，中国电影市场才能回归理性。它这个公司如果有自己大的定位的话，会永远围着它转的，比如宝马跟《碟中谍》，哪天到达这个程度，市场就比较成功了。

陈：你发自肺腑地讲这段话，是在讲永恒模式的东西。但是我个人觉得现在这个时代同时被另外一股力量拉扯着，就是各种碎片化的、很浮躁的或者其他什么东西。李骥老师你怎么看？

李：由于现在整个营销格局越来越多元化，复杂性越来越上升，从营销者本身的需求来讲，他会不断去寻找一种新的模式。电影营销会持续性地，或者娱乐营销会持续性地获得商业的关注。当它出现足够多失败案例的时候，这种理性就出来了，然后就会用科学的方法去评判资源，大家平心静气、对等地去讨论合作，去讨论一个双赢的结局。《私人订制》是因为前几部电影的成功，营销真的做得很好，当时斯巴鲁、温莎、北海道确实很成功。

  但它过于成功之后，这个市场的泡沫就特别大，这个泡沫得一个一个炸掉，之后大家不迷信冯小刚，很理性地看每个产品。电影是个产品，跟我的产品定位怎么样，大家相互的合作怎么样，相互的价值给予怎么样。慢慢理性就出来，秩序就出来了，然后电影类型化，找到DNA，跟观众品牌定位相匹配，完了之后相互作用，也规范化了。

陈：两位其实已经总结了。我觉得就是两股力量：一种是追求好作品是永恒的、最有价值的力量；一种是碎片化、激进的、功利的、浮躁的力量。不管怎么说，这两股力量会一直拉扯着往前冲，这是事实，也是一个客观的东西。

娱乐营销，直入人心的艺术

赵喆

瑞格传播市场合作总监

吴孝明

宣亚传播集团首席策略官
兼英帕沃数字董事长

曾建明

宣亚国际传播集团副总裁
兼新兵连娱乐总裁

吴：其实除我本人之外，他们两位都是娱乐营销的专业人士。娱乐营销对大家来说并不陌生，但感觉上总是一个比较空泛的名词。因为娱乐营销可以包含很多面，比如大家比较容易想到的是娱乐的冠名啊、植入啦。请两位谈一谈，我们应该如何来定义和理解"娱乐营销"这几个字？

娱乐营销就是连接情感上的共鸣

赵：现在像各个品牌方都有很多使用娱乐营销的方式，其实我们看，不管是说它去冠名一些节目啊、栏目啊，或者是说通过跟电影啊、电视剧啊，或者是说一些其他的娱乐形式进行结合。归根结底，我们都认为娱乐营销就是一种通过把品牌理念或者产品理念加载到娱乐内容上的方式，然后通过跟娱乐节目的观众情感上的沟通共鸣，最后达到营销目的。那这样一种行为，不管它跟什么样的一个娱乐内容去进行结合，其实我们都可以认为它是一个广义的娱乐营销的行为。

曾：对。其实娱乐是一个蛮有意思的话题。大家都知道马斯洛的需求层次，有一个比较搞笑的图，在它的最底层加了一个WiFi，原来WiFi成了大家最底层的一个，比生理需求还要更底层的需求了。其实每一个人，不管处于什么阶段，都是需要娱乐的。所以我认为娱乐首先它是一个刚需，不管你精神怎么样。当然啦，现在精神比较好的话，人们花在娱乐上的钱会更多。对于营销来讲，我们梦寐以求要好的效果，希望大家关注我们。因为以往的广告形式，就是你自己做一堆内容，然后买一堆渠道硬推给别人，未必是别人所喜欢看的。但娱乐反过来，是别人主动要去寻求的。我要找到你需要什么东西，我去跟你结合，吸引你的关注，然后再利用这个来做营销。

所以我认为娱乐营销的精髓，就是找到人们所需要的精神层次这些东西，然后让他们主动去寻找，我在中间悄悄地接进去，同时也能让大家产生一种感情上的共鸣。

吴：对。你聊到要情感上的连接，而且它是一种生活的需求，是我们人心理上一种最底层的东西。但是我觉得应该是造势的、借势的概念，应该这样讲。那从这种角度来讲，还是容易联想到我要去结合这个娱乐营销，去借助娱乐平台跟媒介的话，那就是冠名啊、植入啦，可能比较生硬一点。我们也可以想到很多例子对不对？在一部电影里，突然就拿出了一部手机，很Close的镜头给它，然后品牌就出现了对不对？除了这种方式，有没有让消费者比较能够自然接受，不那么生硬的方式？你们有什么样的经验和看法呢？

娱乐营销的四种形式：赞助、包装、植入、融合

曾：没错，我们大概分了四种形式。一种就是所谓的赞助，冠名也好，特约也好；再往上，我们称之为包装。比如你要做联合推广，可以用一些授权，用娱乐元素，比如电影里面的这些角色弄到你的产品上面去；或者说联合推广的时候，你可以一起搞些什么首映式啊，或者有一些电影明星一起来跟你做活动，层次就更深入一点了。那更进一步是植入了，植入也就是说，你的品牌或产品是娱乐内容的一部分，可能是某个道具拿出来。但我自己认为结合得最紧密的，我称之为融合。什么叫融合呢？也就是说你这个品牌和你这个产品，它其实跟娱乐内容是一体化的、密不可分的，有时候这些内容其实就是品牌自己做的。

当然不是说这几种形式谁效果一定更好，你可以多种方式结合起来，也可以单独用某一种，但要选到跟你的品牌、你当时的状况、你的受众最合适的方式，而且这个一定要有专业的团队帮你去操作，这样才能有最好的效果。

吴：前两年有一部纪录片叫作《看见台湾》，主角是金城武。片子很红的情况之下，有一个场景红了，是一棵树，它在一个台湾南部的乡间小道，很空旷的一片田地，旁边一棵独立的很大的树，金城武在镜头里面休息了一下。那棵树就非常非常有名了，观光客一定要去那边，要找那棵"金城武"树，然后跟那棵树拍照。

曾：对。这是娱乐的力量，确实是。

吴：不得了。

赵：对。其实我很同意曾建明的说法，品牌或者产品，它跟内容相结合的程度可以有各种各样的。但是就不同的品牌和产品的推广需求来讲，未必就是说

结合得最深的才是最适合你的。比如说现在很多女孩子，包括很多男孩子，很迷韩剧，之前的《来自星星的你》，里面有许多款，比如说有一款鞋，还有女主角穿的某件大衣，如果是说跟娱乐内容的结合，其实它就是一个简单的植入。但是因为它这个操作方式很巧妙，最后就造成了这几款东西全部爆红，然后卖得非常好。而且这个剧结束之后，热度还一直在持续。所以其实不一定是说一定要选择最深的结合形式，而是说选最适合你的合作形式，并且在这种形式的基础上，做好，做到极致，就能达到这样一个合作效果。

国际化趋势明显，国内娱乐营销发展前景看好

吴：目前国内在娱乐营销这一块儿做得怎么样？不管是说在电影的植入啦、联合营销啦、冠名啦或者赞助这一块，目前国内情况好不好？有什么可以提升、改进的地方？

赵：我们可能会更专注于娱乐营销这一块儿，对我们来讲，品牌方的意识是越来越好的，在项目的选择上越来越倾向于国际化的一些好莱坞电影片。在操作的层面上，也是越来越规范，不管是说和国内的一些影视剧的合作，还是说跟好莱坞的这些大片的合作，那也是在这个基础上，越来越尊重知识产权方的创作过程，在素材的使用上，在联合推广的过程中，沟通越来越频繁了。我们会跟导演一起生发这些Idea，看怎么样能够在娱乐内容中给品牌和产品一个最好的呈现、一个最合理的实现方式。所以我们是觉得在变得越来越好，尽管可能还处于起步阶段，但可能已经到了起步阶段的最后一个阶段，就是量变到质变过程中的一个转折点。

娱乐营销进入亿元俱乐部

吴：对于不是那么知名的品牌，如果这样的广告主他们想要做娱乐营销，他们有什么该注意的？或者说他们有什么样的机会？

曾：我觉得吴孝明你的观察其实很毒，为什么这么说呢？我自己观察这两年国内的市场，用两个字去形容，就是"春天"。有各种各样的机会，有各种各样的

品牌开始意识到娱乐营销的问题，都开始加入这个市场。但如果用四个字形容的话，我会认为是"土豪群体"，门槛也越来越高了。之前一堆综艺节目冠名的结果出来，超过1亿的可能只有7个，但是近来已经超过10个了。而且已经出现5亿以上的了，就是湖南卫视的《爸爸去哪儿》和江苏卫视的《非诚勿扰》，都已经出现了5亿的冠名。以前好像是说一两千万、几千万，好像也可以加进来玩一玩儿，现在忽然变成少于几千万，少于一两亿、三四亿，对不起，这个资格都没有了。

如果说营销的这些投入是一种投资的话，它其实也存在着大投资和大回报。你看有一些节目，它为什么总冠名能卖到5亿以上，确实也是很火啊，人尽皆知。哪怕是一个很小的品牌，以前没有人知道的，然后你忽然间冠名了一个很火爆的节目，肯定整个品牌瞬间就红了。这种效应不光对品牌本身，可能对你这个制作方、对你这个播出的平台方它也是啊。你看现在这些强势的平台，起来的时候都是靠一两个节目，忽然间就起来了，变成一个强势的平台。所以从这个角度来讲，你要想大的回报，必然要有大的投资，这是不可避免的，这也是进入资本市场，或者按照资本规律、市场规律运作的必然结果。

娱乐营销蛋糕疯狂增大

吴：娱乐与我们的生活连在一起，有生活就有娱乐，有娱乐就有生活，所以娱乐营销不仅是一个内容营销，它根本就是一个生活营销。在消费者每天的生活当中，其实娱乐是无所不在的，我们也不要把它界定说就是看一个电影，或者是说一定要去看部电视剧，对吧。它是随时都可能会在生活当中出现的，不管在上班途中或者是回家的路上，是不是？所以这个空间是非常大的。

曾：没错。所以你可以想象，这个市场到底有多大。有一种说法，文化娱乐产业在美国是第二大产业，那中国没有统计数据，但我认为别说排第二了，将来成为第一大产业都是有可能的，因为它涉及人们生活的方方面面。而且你看中国有这么多人口，随着中国整体的经济发展，这方面的花费可能会越来越高。而且国家现在也把文化娱乐产业作为重点扶持、促进内需的产业去推。所以整个市场的变化是，广告主们开始越来越多地往里面去花钱，有一些公司已经走得比较早了，现在专门成立了这样的内容娱乐的、娱乐营销的团队，甚至是单独的公司去推广这一方面。而且越来越多行业做，比如以前是做冠名植入，就是快消品牌嘛，就是什么饮料啊，什么洗衣粉啊，多半这一类。现在，汽车也进来了，长安福特就冠名了央视的一个节目，花了1.33亿。

这是一种趋势，随着更多的广告主开始把钱投到娱乐营销这一块，这个蛋糕会急速地增长。当然有一种说法，是说每年增长至少50%以上，所以真的是一个很疯狂的过程。我觉得我们每一个人，只要在这当中意识到这一点，不用犹豫，赶紧扎进来，会有一个很好的效果。

Agency在娱乐营销中发挥联姻的作用

吴：作为Agency，在行业当中要能够力争上游，要能为广告主服务的话，应该具备什么样的条件跟能力？

曾：这是个很有趣的话题，不能光抓住资源。因为资源早晚要放开或者说是透明，可以自由竞争。但是因为中国特殊的一些情况，可能有一些资源还是垄断性的，那你掌握了好的资源，作为一个Agency，日子就很好过，因为大家可能都求你。但是随着市场化的运作、市场的放开，那问题来了，资源是放开的，客户为什么要找你？

其实无非是替客户做两件事情。一件是他做不了的，第二件事情是他能做得了，但是他不方便做，或者他做的成本比你要高。所以这样的情况下，那资源大家都可以去接触，但是资源很多，对资源的识别、筛选、推荐、管理，也是一个专业的技能，需要有专业的团队、专业的技巧，需要有经验。客户可不可以做？可以做，但他的进入成本可能很高，等他花这些时间，把所有这些资源都理清楚，可能已经过了很长时间。

还有一部分，因为娱乐营销是一个很新的东西，当中有很多需要整合性的思维，需要策略性的思维，那你想到第一步，还要想到第二步，想到今年还要想到明年，有些东西他可能可以想得到，但不是每个人的能力都能够做得很好，所以它可能需要更专业的人去帮他做他做不了的事情。

当然作为Agency来讲，需要互相理解。如果你是一个Agency的人员，你要花很多时间了解客户的品牌，让他在最经济的情况下能够得到最大的回报，他就会信任你。这个过程是通过一个一个的案子做出来的，他就能感受到你确实是很了解我、很努力。所以之间的关系就像最成功的婚姻关系一样，比较紧密地结合下去。

吴：一般人印象中，做娱乐营销的是资源垄断，资源在我手上，我倒卖资源，这资源不管是片子或是演员、艺人，但是你刚刚提的很重要，就是"专业"两个字。娱乐营销听起来好像之前玩儿的这种娱乐营销，其实里头还是有专业的。专业呢，对于我们的Agency来讲，它有专业的服务，它也是要跟一般的广告公司啊、公关公司一样，有一些策略的思考，有一些分析的能力，包括最后执行的能力，而不能只说反正资源在我手上了，那我就是……

曾：卖出去就不管了。

娱乐营销对广告主的期许

吴：对，绝对不是这样的。同样的，我们也提醒广告主，你不能只冲着资源去，还有很多后续的问题要处理。就像我们以前常常聊到像冠名之后，要花更多的钱去做其他的Marketing。但是Agency的存在是很必要的，广告主一定要找一个真正具有营销能力的Agency做娱乐营销的服务。你们对于这个市场或者是广告主，有没有什么样的建议或者是期许？或者是提醒他们一些小小的问题呢？

赵：接着曾建明刚刚说的，我觉得一个好的Agency的服务，尤其是在娱乐营销方面，可以更生活化地去把它Visualize。比如我们去完成了冠名，或者完成了一部电影的植入后，在接下来的过程中，我们如何去把拿到的娱乐资源用起来？其实这部分也是Agency最重要的职能之一。

还有另外一点，大家为什么会去关注娱乐？一定是因为这个娱乐是有价值的，它是一个好的内容，才会吸别人关注品牌或者产品的露出。所以如果在这个合作过程中，我们希望通过品牌的合作，把娱乐内容彻底变成一个品牌的广告片，或者是说品牌的一个纯的推广内容，反而就变成了回归传统的那种投放，就是TVC硬广的形式。毕竟娱乐内容是知识产权创作的一个Intentional Product，创作的过程中，还是要尊重这个Creative，尊重创作的过程，一定是一个好的娱乐内容，才会实现一个好的娱乐内容能够承载的营销的功能。

曾：我有三个建议。第一个是改变观念，所谓观念一变，世界一新，我觉得这对广告主或者每个人来讲，都是最重要的。所以现在整个的营销环境，消费者的选择的路径，都已经在发生转移了，而且变得很快。如果我们不能够以这种随时革新的观念去跟随这个市场，我们一定会被淘汰的。所以观念更新之后，更重要的是你得有行动，整个组织、整个公司的体系，也要跟着做一个改变。

观念改变之后，你下一步要改的肯定是整个组织结构，要作相应的调整，或者说组织结构里面这些人，他们的观念也要跟着改变，他们的素质、他们的专业能力也要适应这个新的变化，所有这些都需要你整个营销体系的人的专业素质也要跟着提升。

第三个，你还是要相信专业，要找外援，因为这可以帮你最快地实现你的目的，相信市场的力量，相信专业的力量，相信服务能够给你带来更好的提升。我觉得做到这三点，应该就能比较好地在娱乐营销这块儿打开局面。

吴："娱乐营销，一个直入人心的Art"。其实它不仅是一个方法论，而且是从Attention到Relation再到Turn一种思维的方式。同时，娱乐营销是一种生活，它是生活当中的一种艺术，我们必须把它看得跟我们一般的太期望强调效果的营销方式有一点区别。

如果品牌主能够把娱乐营销看成是跟我们消费者生活连接在一块的，你越是能够清楚地去看待它，你越是能够去尊重它，你越是能够自然地运用它、结合它，才能够得到它的效果，才能够把娱乐营销像一门艺术一样发挥到淋漓尽致。当然这里头很重要，尽可能观念要改变，跟上时代。当然更重要的是要有一个专业的Agency。同样，Agency本身要自我要求，要在拥有比较多的资源之外，让自己能够提供专业的服务、专业的策略、专业的执行，帮助品牌主解决问题，这样市场才能良性发展与循环。

图书在版编目(CIP)数据

互联网+营销:大数据时代的行业"小报告"/凤凰网·MadTalk节目组编. —北京:中国传媒大学出版社,2016.1
ISBN 978-7-5657-1497-9

Ⅰ. ①互… Ⅱ. ①凤… Ⅲ. ①网络营销 Ⅳ. ①F713.36

中国版本图书馆 CIP 数据核字(2015)第 227834 号

互联网+营销:大数据时代的行业"小报告"

Hulianwang + Yingxiao: Dashuju Shidai De Hangye Xiaobaogao

作　　者	凤凰网·MadTalk 节目组
策　　划	欣　雯　郝　炜
责任编辑	欣　雯
特约编辑	吕育苗　吕　霖
责任印制	阳金洲
封面设计	杨　飞
出 版 人	王巧林
出版发行	中国传媒大学出版社
社　　址	北京市朝阳区定福庄东街1号　邮编:100024
电　　话	86—10—65450528　65450532　传真:65779405
网　　址	http://www.cucp.com.cn
经　　销	全国新华书店
印　　刷	北京中科印刷有限公司
开　　本	710mm×1000mm　1/16
印　　张	16
版　　次	2016年1月第1版　2016年1月第1次印刷
书　　号	ISBN 978-7-5657-1497-9/F·1497　　定　价　49.00元

版权所有　　翻印必究　　印装错误　　负责调换